台灣放輕鬆

台灣放輕鬆

台灣放輕鬆

台灣放輕鬆

take

it

easy

台灣放輕鬆 4
鬥陣台灣人

總策劃：莊永明
撰文：林孟欣、鄭天凱
漫畫：曲曲
歷史插圖：閒雲野鶴

監修：曹永和、許雪姬、張勝彥、吳密察、翁佳音
副總編輯：周惠玲
執行編輯：葉益青
編輯：陳彥仲、黃嬿羽
修文：張嘉驊
攝影：黃智偉
圖片翻拍：陳輝明、徐志初、黃智偉
文物攝影：陳輝明、徐志初
美術總監：張士勇
美術構成：集紅堂廣告有限公司

發行人：王榮文
出版發行：遠流出版事業股份有限公司
台北市100汀州路3段184號7樓之5
郵撥 / 0189456-1
電話 / (02)2365-1212　傳眞 / (02)2365-7979

香港發行　遠流（香港）出版公司
香港北角英皇道310號雲華大廈四樓505室
電話2506-9048　傳眞2503-3258
香港售價　港幣83元

著作權顧問：蕭雄淋律師
法律顧問：王秀哲律師、董安丹律師
2001年6月10日　初版一刷

行政院新聞局局版臺業字第1295號
售價280元（缺頁或破損的書，請寄回更換）

ISBN 957-32-4373-3
YLib遠流博識網
http：//www.ylib.com　E-mail：ylib@ ylib.com

4 鬥陣台灣人

總策劃／莊永明
文／林孟欣、鄭天凱
漫畫／曲曲
繪圖／閒雲野鶴
監修／曹永和、許雪姬、張勝彥、
吳密察、翁佳音

Portraits of the Rebels
in Taiwanese History

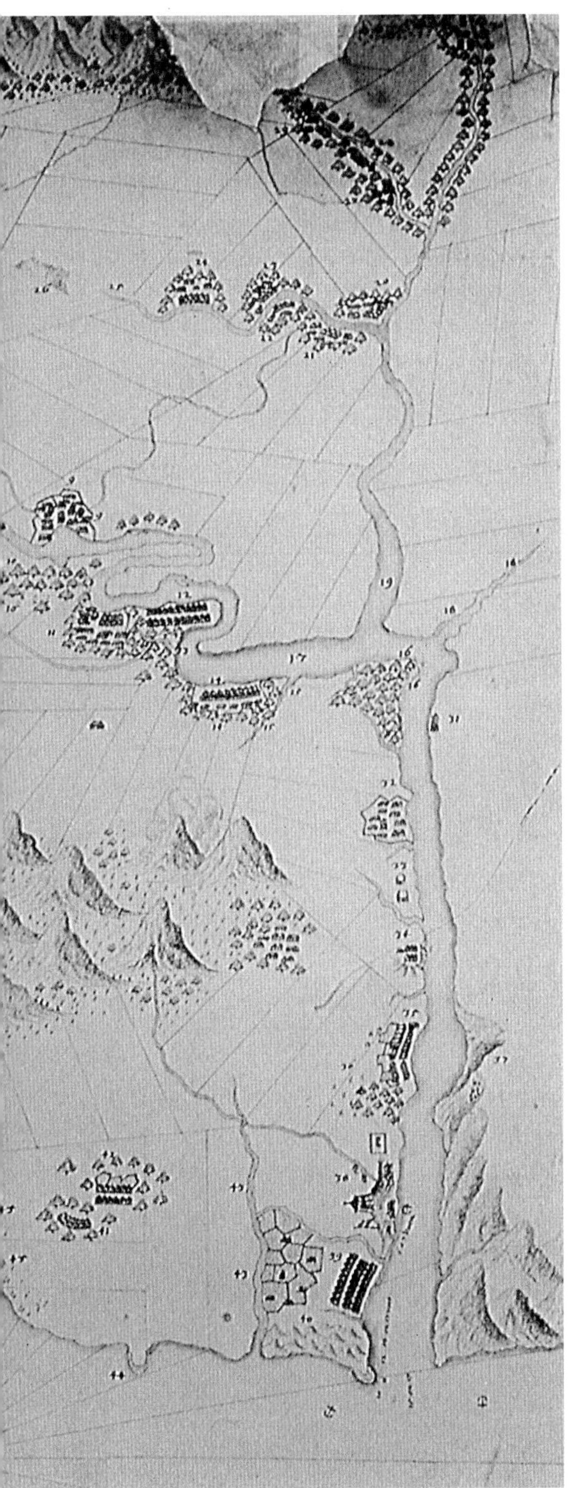

目　錄

◀ **台灣北部的老地圖**

這張由西門・吉爾得古（Simon Keerdekoe）所描繪的台灣北部淡水河、基隆河、新店溪等流域的地圖，現收藏在荷蘭海牙總檔案館中。1642年荷蘭人驅逐了原本據有台灣北部的西班牙人後，終於統治了全台灣。1654年繪製的這幅北部圖，是目前對17世紀台灣北部記錄最詳盡的地圖。圖中分布了許多平埔聚落、漢人村落、荷蘭人的建設等等。

總序

莊永明

閱讀歷史，會是一種沉重的負擔嗎？

了解歷史人物，會是一種困難的事情嗎？

放輕鬆！

請靠近一點，翻一翻這套書；你會發現歷史並不生澀，歷史也絕不難懂，歷史更不是「遙不可及」的事。

你會覺得歷史人物絕不是「神主牌」，更不是不食人

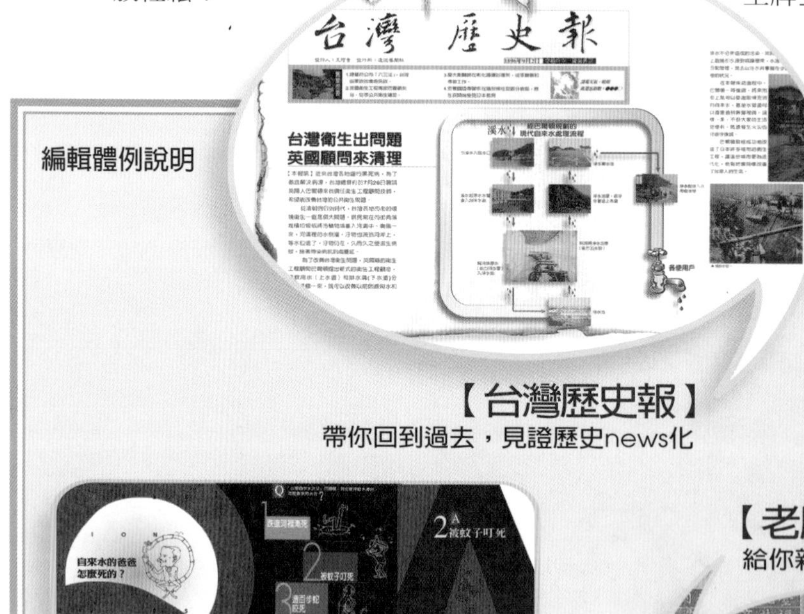

編輯體例說明

【台灣歷史報】
帶你回到過去，見證歷史news化

【Q & A】
挑戰你的「哈台」指數

【老廣告】
給你新古董的台灣味兒

間煙火，何況你所要貼近的是台灣人物，你所要明瞭的是台灣歷史。

沒有錯，就從這時候開始，讓我們走進時光隧道，讓我們回顧歷史長廊。

學習歷史，最快的入門方法是閱讀傳記；正如史學家羅斯（A. L. Rowse）所說的一句話：

「閱讀傳記是可以學到許多歷史的最便捷方法。」

【延伸閱讀】

➪《工學博士長谷川謹介傳》，1937出版（本書爲日文資料，長谷川死後由其舊部屬製作出版，目前本書收藏於成功大學圖書館）。

【延伸閱讀】
提供深入資訊

【人物小傳】
告訴你有趣的軼聞故事

【舊聞提要】
打通你的任督二脈，變成全方位台灣通

朱一貴年表
1688~1721

1688
- 朱一貴出生於福建漳州府長泰縣。

1713
- 朱一貴來到台灣，時年26歲，於府城（台南）台廈道衙門打雜。不久離職，轉往大武汀幫人種田度日，並以養鴨發跡。

1721
- 4月19日，因台灣知府王珍苛酷擾民，朱一貴

【年表】
從時間軸認識個人

讓我們從「三分鐘認識一位歷史人物」開始吧！

歷史教育是積累土地上世世代代先人的生活經驗；台灣歷史在威權時代，總是若隱若現的，甚至是「啞劇」。本土歷史人物自然也「難見世面」。

台灣邁進民主時代後，國民中小學才開始有了「鄉土教學」、「認識台灣」、「母語教育」等課程，然而在倉促間推出「本土」文化的教學，到底能喚醒多少人的歷史記憶和土地的認同？

台灣歷史人物，不論是原住民、閩南人、客家人，或外省人、外籍人士，只要在這塊土地流汗、流淚、流血奮鬥、奉獻，都是這套書選材的對象，爲著在「歷史長廊」有著連貫性的互應，本套書也依學術、文學、美術、音樂……做爲分類上的貫連，每一位人物且透過「台灣歷史報」去探索時空背景，因此這不僅是傳記書，也是歷史書。

胡適在其《四十自述》中盼望「添出無數的可讀而又可信的傳記來」，【台灣放輕鬆】系列當然也有這樣的企圖，僅是做爲一種「入門書」，其最主要的意義還是導引大家對台灣人物、台灣歷史的興趣，相信有了此「紮根」的歷史教育，社會倫理、自然關愛也必落實。

祈盼台灣在積極打造成爲「科技島」之餘，也不忘提升爲紮實於本土歷史認知的「人文島」，台灣才不致沈淪。

輕鬆看「叛亂＝起義」歷史

翁佳音

臺灣數百年歷史中，「民變（＝叛亂、起義）」與「械鬥（＝族群或社群間武力衝突）」事件，可謂不絕如縷，每隔幾年就出現一次，構成臺灣史的重要戲碼與場景。歷來統治者因而稱臺灣人生性好亂，如「飛蛾撲火」，「任征不平，任亂不成」；日本時代甚至說，這是因臺灣人爲海賊後裔之故！

相對於統治者將臺灣人國民性格解釋成蠻橫、凶悍，或海盜遺傳基因，政治立場迥異的史家，則把這種特徵歸諸民族精神，或統治者的剝削與腐敗。一樣歷史，千種解釋。

這是荷蘭海牙總檔案館所收藏的荷蘭時代赤崁耕地圖。農業，是荷蘭人在台灣殖民事業中極重要的部分。1644年秋天，西門・雅各松・東肯斯（Symon Jacobsz Domckens）畫下赤崁地區的耕地與道路地圖，日後成為唯一保存的代表作。地圖裡的深綠色地方是指稻田，黃色線條是道路，其他是未開墾地。

有興趣瞭解這一面歷史的讀者，恐怕多少無所適從。就如80年代中後期政治解嚴、90年代末政黨輪替以來，臺灣政治亂象目不暇給，政治人物高分貝信口雌黃，難以分辨是非；「歷史」雖同時獲得解放，史書雨後春筍叢生，但對有心讀者來說，反而是一種令人暈眩的沈重負擔。

原載於1895年《風俗畫報第九十八號台灣征討圖繪第一輯》，內容為中日雙方「在橫濱丸內商議台灣割讓事宜之圖」，此圖可說是日本隨軍記者當時的現場報導。

有位著名的文化史家，在第二次大戰前曾提出用遊戲人（Homo ludens）心情來看待奧林匹克運動會，以及歷史、文化，擺脫當時流行且緊繃、箭在弦上之國族意識型態。他的呼籲，如今看來依然是暮鼓晨鐘。放鬆心情閱讀、優遊臺灣的古今往來，在當今更形重要，尤其是在看待臺灣的「叛亂=起義」歷史時。

本書《鬥陣臺灣人》，就是要引導讀者輕鬆進入這一段歷史。書取名「鬥陣（Tào-tìn）」，簡直是神來之筆。「鬥陣」表面字意，直指臺灣人聚眾謀反或抗暴。但此詞另有多方意義，除表示「合夥打拼」一如目前「工人鬥陣」的勞工組織爲此意之外，還有一語雙關之處。例如我們說男女未經結婚合法手續同居，或是黑社會兄弟同夥，都可以用此詞。書名如此，其實已經告訴讀者：我們不妨擺脫向來「反清復明」、「民族精神」等教條解釋與敘述，重新看當時抗官作亂的各路英雄好漢、我們的祖先。

自海賊顏思齊（Pedro China）、鄭芝龍（Nicholas Iquan）開啓臺灣文字歷史以來，山賊黃教、簡大獅、陳秋菊等人又承替於後，山海之賊與官兵互動，形成臺灣歷史常態。在傳統臺灣社會裡，由於近代法律制度未及詳備，冤屈難得合理解決，各地區的不同族群人民，爲生活與自衛，不得不各自靠邊站，形成「汝靠官（兵），我靠山（賊）」。於是，雙方交鋒時，文獻上不斷有「義民」與「土匪」的區別。如果我們有這種背景知識，也許不再會爲林少貓到底是抗日英雄或魚肉鄉民的土匪；乃至是「義民」客家系臺灣人是否爲統治者幫凶等問題，辯論到劍拔弩張的地步。

原圖於1895年日本發行的《風俗畫報第百九號台灣征討圖繪第五編》，描述台灣戡定後的情景。

本書更進一步用輕鬆筆調描繪這些山海英雄在地方上的活動，如徵收所謂保護稅、女性土匪不讓鬚眉等；有些人竟然原來是屬清朝官兵陣營（如林爽文、戴潮春等），或是與日本政府有某種程度的協定（如陳秋菊、林少貓）者。凡此種種，與今天臺灣政治社會的所謂地方派系、黑金等相較，竟有若干異曲同工之妙，讀來不禁令人莞爾。

無論如何，本書是引子，讀者可在愉悅之間從中獲得不少啓示，如果有人因而發願要再理解傳統社會中的民間草莽好漢，並確實確定書中人物是今天臺灣的哪裡人，那麼，臺灣的歷史將會更具趣味與現實感。臺灣史，不再是一種沈重的記憶。

2001.5.14於小南港書廚

鬥陣戰鬥，血的教訓

莊永明

「民變」的定義，在朝、在野各有說詞，在朝的看做造反、叛逆，而在野的自視為革命、起義，這種兩極化的解釋，從「成者為王，敗者為寇」這句話，可以看出倪端。

台灣漢人的「民變」，有所謂「三年一小反，五年一大亂」，因此有學者以「台灣人反抗史」來詮釋台灣歷史。四百年來，台灣人在外來政權統治下，受盡壓迫、飽受屈辱，在「官逼民反」下，人民揭竿起義，此「順乎天而應乎人」的「鬥陣」行動，在不同的統治者下，有驅荷、拒清、抗日的反抗運動。

「土匪」、「亂賊」或是「烈士」、「英雄」，隨著時代更替而有不同的解釋。日治時代被視為逆賊的羅福星，到了戰後被國民政府奉為民族英雄。1985年，郵政總局發行了羅福星紀念郵票。

呼群引伴，「鬥陣」成行的人，一波又一波的反抗官僚專制特權、推動腐敗體制的行動，每每令當政者震駭，不惜以「殺無赦」來維護其統治權，在「武裝革命」的年代，因「鬥陣」而拋頭顱、灑熱血的人，不計其數，然而寫在歷史上功敗垂成的台灣反抗運動，成了求自由、爭民權的典範，台灣放輕鬆系

20位鬥陣台灣人的主要活動區域

列第3冊《在野台灣人》，他們在殖民專制政權下踱步前行的「民主路」，何嘗不是也循著「鬥陣台灣人」的走過痕跡。

「鬥陣」，台語是「結伴」的意思。「鬥」，此字在台語有tàu和t'o兩種讀音：鬥陣的鬥，讀tàu，鬥爭的鬥，讀t'o。本書取名《鬥陣台灣人》，是「結伙戰鬥」的雙關語。

顏思齊曾是縱橫東海的海盜，入居日本時，蓄謀起事推翻德川幕府，因事外洩，而於1621（明天啓元）年和結拜兄弟轉進台灣笨港（今北港附近），因開拓諸羅山（今嘉義縣一帶），而成爲漢人移民台灣的先驅。

顏思齊逝世後不久，荷蘭人入據台灣，招募大量漢人來台當「奴工」，不滿紅毛番欺凌壓榨的漢人，在郭懷一領導下，展開台灣第一次反抗異族統治的抗暴行動。

驅荷的鄭成功，父子孫三代，經略台灣二十幾年，即由清廷收入版圖。清廷治台，施政無方，民怨難息，乃有前仆後繼的反清事件，更有所謂「台民之喜亂，如蛾之撲燈；死者在前，投者不已」的說詞。

余清芳領導的噍吧哖事件被平定後，被統治當局收押做為證據的武器。

1721（清康熙60）年，「鴨母王」朱一貴舉事，客籍杜君英隨後響應，兩人結盟，攻破府城，稱王封臣；然而自稱「中興王」的朱一貴，其王朝只有1個月就被「平定」。

清乾隆年間，台灣又有黃教、林爽文、莊大田的亂事。1786年，天地會的林爽文革命事件，是清代台灣最大的抗官行動，令中國大陸的清廷震驚不已，而對以後的治台政策不得不有所調整。

嘉慶年間起，海盜蔡牽屢犯台灣，1809年終在王得祿圍剿下，沈船自盡。

道光年間的張丙事件和同治年間的戴潮春事件，以及光緒年間的施九緞事件，在此3位皇帝任上發生抗官的「叛逆」，在民間卻被認爲是「英雄豪傑」型的人物，1862年的戴潮春反清，歷時長達3年，和朱一貴、林爽文並稱「台灣三大民變」。

1888年爆發的施九緞事件，是對劉銘傳清賦政策的不滿，這也是清代最後一樁民變，7年之後，台灣易主，因爲清廷割讓台灣予日本，充當「戰債」。

1895年，日本接收台灣，台人守土有責，群起抗日，乙未衛台之役，蘇力、蘇俊、陳小埤、陳秋菊在北台灣抗日，吳湯興、吳彭年和侵台日軍激戰，殉難於八卦山之役，重挫日軍。

和日軍激戰於斗六的簡義，和曾反攻台北城的陳秋菊後來「歸順」日方，得安享遺年。反看「抗日三猛」——柯鐵（柯鐵虎）、簡大獅、林少貓這3位打游擊戰的戰將，下場就不同了；柯鐵在勸降過程中病死，簡大獅雖逃到大陸，卻被清國遣返受死，林少貓最後難躲被屠殺的命運。

日治初期雜誌所畫的「土匪」形象。當時許多的反抗分子一邊拿總督府的「授產金」，一邊卻向當地民衆要求收取「土匪稅」。

1914年3月3日被日本人絞死的羅福星，是曾參加黃花崗之役的「華僑」。他寫下了「殺頭恰似風吹帽」等慷慨激昂的詩文。

1915年爆發的「噍吧哖事件」是武裝抗日規模最大事件，日本殖民政府除有「屠村」行動外，還依「匪徒刑罰令」起訴1464人，被判死刑達903人，後在日本國會議員非議下，才改處決200名。犧牲的慘烈，神鬼共泣。

以余清芳爲首腦的噍吧哖事件的落幕，是「武裝抗日」的終結；1920年代，台灣的「白面書生」，反抗殖民政權，改弦易轍，不再提刀動槍，而改以口舌、筆紙，「非武裝抗日運動」的啓動，循著就是武裝民變的血跡而行。

做伙拿綠卡，移民綠色戲島！

漢人大規模來台是從顏思齊開始的，傳說他登陸的地方，是以下列哪個東西命名的？

1 

小船

2 

穀倉

3 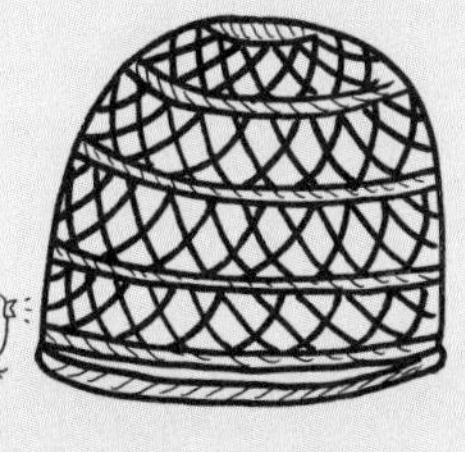

雞籠

4

狗和棍子

2 A 穀倉

1624（明天啓4）年，顏思齊來到了台灣西部笨港溪出海口的一個小村子，也就是笨港，建立10寨（主寨、左寨、右寨、糧草寨、海防寨、哨船寨、前寨、後寨、撫番寨、北寨），大約就在今天雲林縣的北港鎮及水林鄉一帶。

關於笨港地名的由來，有幾種說法。第一種，以前原住民虎尾族（Favolong）稱這裡叫Ponkan，音譯變成「笨港」；第二種，漢人覺得這裡的原住民笨笨的，於是稱笨人住的小港口叫「笨港」；第三種是因為這附近有很多土坌沙地形（形狀像倒蓋竹畚箕的沙丘），「坌」和「笨」音同，久而久之變成「笨港」；第四種是因為這裡的農民常用「古亭笨」做穀倉，因此這裡就被叫做「笨港」了。

人物小傳

從日本到台灣的諸羅霸主——顏思齊

?~1625

明朝末年時，中國大陸來台的漢人已相當多，然而聲名事業留傳後世者，則以顏思齊最爲傳奇。

顏思齊，字振泉，是福建漳州海澄人。據說他身體雄健，武藝精熟，有威武不屈的精神。年輕時，因爲受到當地官家欺辱，一怒之下打死了官家的僕人，從此浪跡天涯，亡命海外。大約在1610（明萬曆38）年前後，顏思齊到了日本，最初當裁縫爲生，後來又利用往來日本和中國的商船作生意，漸漸富裕起來，加上個性豪邁，交遊廣闊，又肯疏財仗義，於是隱然成爲華人在日本的領袖。

當時旅日的華人，因同鄉情誼，彼此又意氣相投，因此往來密切。他們其實都有一番抱負，但人在異地，除非能聯成一氣，否則不容易有所成就。後來顏思齊就夥聚了28人，祝告天地，結爲兄弟。

那時明朝內政已相當亂，華人舉家遷到日本長崎的，一部分是爲了做生意，但也有部分是爲了避難。據統計，1608（萬曆36）年抵達長崎的華商大約只有30人，但短短10年，也就是1618（萬曆46）年後，已增加到2、3千人。相傳顏思齊結納眾人，原是別有用心，他看到日本地方廣闊，物產豐富，貿易發達，心中便想據爲己有，建立一個海外王國。於是在與28位兄弟結盟後，便積極密謀占領長崎。

不料事機洩漏，日本幕府展開逮捕行動。顏思齊於是帶領結拜兄弟，駕著13艘船逃到海上，卻惶惶然不知往何處去。這時有人提議返回舟山，也有人提議轉進台灣。當時的台灣，雖然已有漢人前往開發，但多數的地方仍屬平埔族居住地。後來顏思齊等人看台灣土地肥沃，選擇到台灣較爲有利，於是一夥人便轉進台灣，在

顏思齊從日本長崎帶領結拜兄弟，駕船來到台灣，從笨港登陸築寨居住。

笨港登陸，築寨居住。

位於雲林北港圓環的顏思齊登陸紀念碑。

顏思齊等人在台灣立足後，原本只把台灣當作是一個暫時落腳的地方，無意深入內陸尋求發展。後來才在諸羅山（今嘉義市）一帶招撫平埔族，築起山寨，命部屬耕獵，同時整頓船隻，劫掠中國大陸沿海一帶，買賣私貨，變成亦商亦盜的海寇集團。

當時，顏思齊將部眾分為10寨，散居諸羅一帶，福建漳州、泉州一帶移民先後蜂擁而至，聚落成村幾近千家。1625（明天啓5）年，顏思齊在諸羅山打獵，感染傷寒病（也有說法是感染瘧疾）而死。今天，嘉義縣水上鄉三界村尖山南麓，有一座古墓，相傳顏思齊就長眠在那裡。

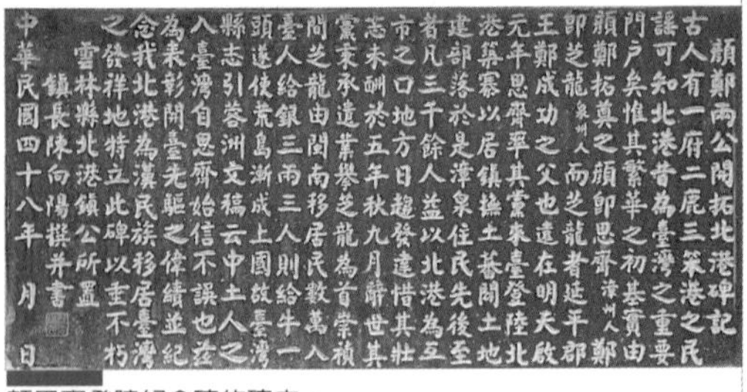

顏鄭兩公開拓北港碑記
古人有一府二鹿三笨港之民
諺可知北港昔為臺灣之重要
門戶矣惟其繁華之初基實由
顏鄭拓墾之顏即思齊漳州人鄭
即芝龍泉州人而芝龍者延平郡
王鄭成功之父也遠在明天啟
元年思齊率其黨來臺登陸北
港築寨以居鎮撫土番開土地
建部落於是漳泉住民先後至
者凡三千餘人並以北港為互
市之口地方日趨發達惜其壯
志未酬於五年秋九月薨世其
黨眾承遺業擧芝龍為首崇禎
間芝龍由閩南移居民數萬人
臺人給銀三兩三人則給牛一
頭遂使荒島漸成上國故臺灣
縣志引蓉洲文稿云中土人之
入臺灣自思齊始信不誣也茲
為表彰開臺先驅之偉績並紀
念我北港為漢民族移居臺灣
之發祥地特立此碑以垂不朽
雲林縣北港鎮公所置
鎮長陳向陽撰并書
中華民國四十八年月日

顏思齊登陸紀念碑的碑文。

台灣

發行人：王阿舍　發行所：遠流舊聞社

舊聞提要

1.為了濱田彌兵衛事件，日荷雙方於7月3日議和簽約，交換人質。
2.西班牙人7月在淡水建立聖

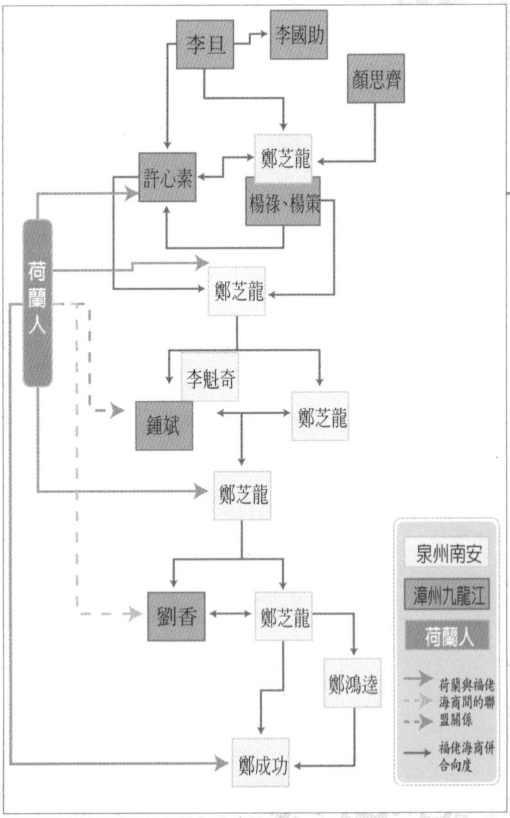

李旦　李國助　顏思齊　許心素　鄭芝龍　楊祿、楊策　荷蘭人　鄭芝龍　李魁奇　鍾斌　鄭芝龍　鄭芝龍　劉香　鄭芝龍　鄭鴻逵　鄭成功

泉州南安　漳州九龍江　荷蘭人
荷蘭與福佬海商間的聯盟關係
福佬海商併合向度

▲十七世紀東亞海商勢力分合簡圖。

歷史報

1628年12月5日 穿越時空 獨漏舊聞

多明哥城（St.Dominico）。
3.鄭芝龍於8月接受明朝招降。
4.鄭芝龍和荷蘭在台長官奴易芝（Pieter Nuyts）簽訂3年貿易協定。

讀報天氣：陰雨
被遺忘指數：●●○

海盜族群鬥陣做伙 台灣浮現世界舞台

【本報訊】1628年正月率衆攻入廈門的鄭芝龍，8月時接受明朝政府的招降，並藉助官方的力量，逐步殲滅昔日的海盜同僚，在中國大陸沿海建立一個政商通吃的海上王國。

15世紀末，歐洲進入大航海時代，西方人不斷來東方探險與貿易，使得東西方的經濟逐漸產生了連結。雖然一開始這並未造成東方世界經濟的重編，但明顯地促使東洋航路活絡起來。影響所及，原本在東亞邊陲的台灣島，終於在16世紀時浮上世界舞台。

在這同時，中國明朝國勢衰退，對於民間海上活動和走私貿易的控制力大為減弱。於是，倭寇、海盜紛紛坐大，活躍於中國大陸沿海。他們多以福建漳州、泉州為走私貿易的基地，而對岸的台灣，則成為躲避官兵追捕的最佳避風港。

▲亦盜亦商亦從政的鄭芝龍。

從16世紀中葉以後，往返日本、菲律賓的漢商就經常停泊在澎湖、台灣進行走私貿易，或是留在台灣過冬開墾了。還有傳聞海盜林鳳在被官兵追趕時，「擁其黨萬人東走」逃至澎湖、東番魍港。而顏思齊也比荷蘭人更早來到台灣諸羅山開墾。顏思齊甚至與馬尼拉方面的西班牙人往來密切。他曾經以西班牙人的名義，在魍港代表李旦承攬荷蘭東印度公司在中國的貿易業務。

這時，活躍於台灣海峽的海盜和海商，大約可分成漳州人和泉州人兩個系統，其中又以漳州系統位居優勢，顏思齊就屬於漳州籍。漳、泉兩個系統，雖然同屬於所謂的「福佬人」，但他們不論在中國本土，或海外的台灣、菲律賓等，關係並不融洽。

有趣的是，繼顏思齊之後躍上海盜集團頭目地位的鄭芝龍，卻是屬於泉州的南安系統。雖然後來有傳說鄭芝龍是在神奇力量的幫助下登上了海盜龍頭的寶座，但其實鄭芝龍是在經過一連串合縱連橫，並和許心素、李魁奇、劉香等人激烈纏鬥後才確立霸主地位的。

除了彼此的合縱連橫之外，這些海盜更和「官兵」以及「紅毛」互相利用，從中得利。荷蘭的文獻上就記載了他們如何與清廷的俞咨皋、許心素合作，又如何和海盜的鄭芝龍、李魁奇、劉香等結盟，並從中漁利。

▲因最早大量出土於台南安平，所以稱為「安平壺」，是研究台灣漢民族早期開拓史之重要証物，據說是裝物罐、酒壺或是火藥罐。

▲安平壺。

透過這些海上的活動，我們可以清楚地看到16、17世紀時，在華人海商網絡的成熟運作下，台灣成為東西洋航道結合點，正式登上世界近代歷史的舞台。

▲古代的貿易帆船

▲明朝末年，顏思齊登陸的笨港（今北港）屬於諸羅縣，之後他便在這一帶建立勢力範圍。

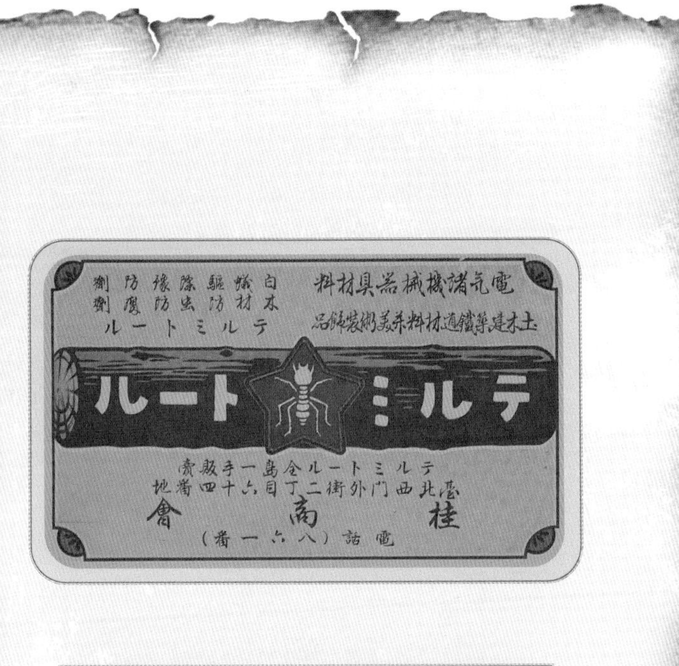

顏思齊年表

?~1625

1603

- 日本德川家康之江戶幕府開設。

1610左右

- 顏思齊抵日本，最初以裁縫爲生，後來又利用往來日本和中國之間的商船作生意，隱然成爲華人在日本的領袖。

1616

- 德川幕府命長崎代官村山等安，派兵遠征台灣，但途中因颱風遇難。

1618

- 在日本的華商已增至2、3千人。顏思齊漸成爲華人的重要領袖。

1624

- 顏思齊與日本九州平戶地區的28位華人領袖結拜兄弟，並被推爲盟主，圖謀起事，但事機敗露。
- 顏思齊率領了13艘船，登陸台灣笨港，築10 寨。

1625

- 顏思齊在諸羅山打獵，因感染傷寒病死。

【延伸閱讀】

➪ 翁佳音，〈十七世紀的福佬海商〉，《中國海洋發展史論文集．第七輯》，中央研究院中山人文社會科學研究所，1999。

➪ 岩生成一著，許賢瑤譯，〈明末日本平戶僑寓支那甲必丹李旦考〉，（東洋學報，23-3，1936.5），台北文獻直字第128期， 1999。

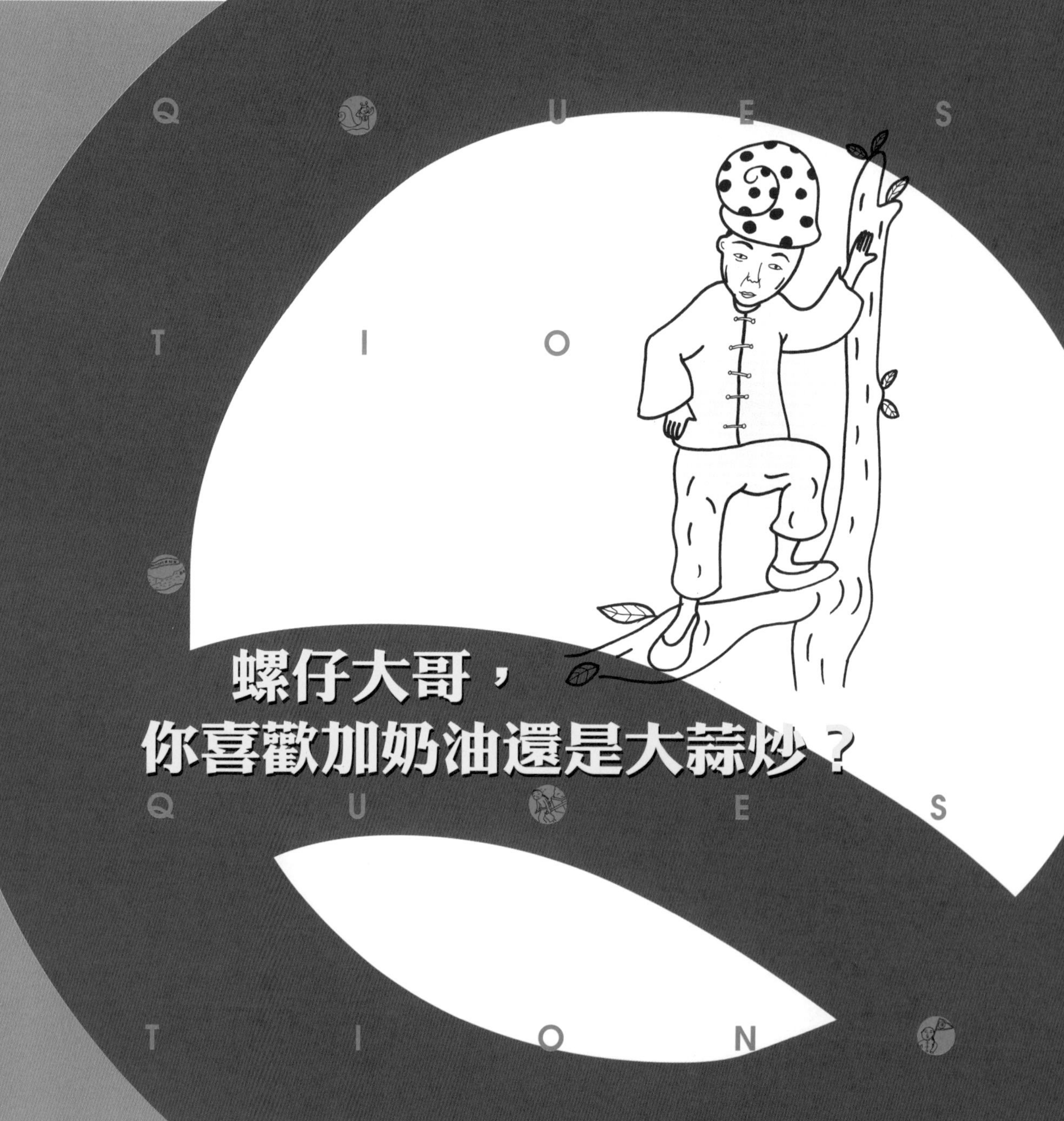

螺仔大哥，你喜歡加奶油還是大蒜炒？

Q 17世紀有位反抗荷蘭統治的郭懷一，被稱作「甲螺」，請問這個名字怎麼來的？

1 郭懷一驍勇善鑽，就像甲級田螺那麼厲害

2 他擁有大「甲」到西「螺」的土地

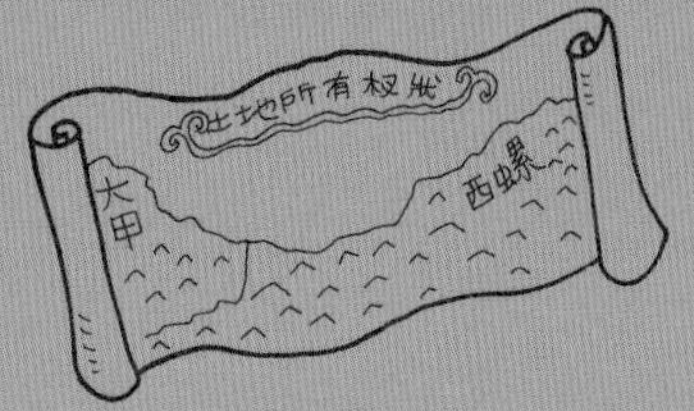

3 客家話「較累」的諧音，因為幫他做事比較累

4 外國人對他的稱呼

4 A 外國人對他的稱呼

甲螺，據說是葡萄牙語Capitão的譯音，早先是葡萄牙政府用來稱呼那些貿易艦隊的隊長、船長或團長。當這些歐洲商船來到東方以後，當地土著也跟著把這些商隊團長和商館負責人稱作「甲螺」，久而久之，這個名詞變成對外來移民領袖的稱呼。

荷蘭人對在台漢人的統治，主要是利用移民中有社會地位和影響力的人士，來進行間接統治。這些人很早就在台灣從事商業貿易或墾殖活動，多是台灣墾殖活動的重要組織者。荷蘭政府則以封他們任甲螺（有時也被音譯為甲必丹或稱為頭人、僑長），做為籠絡。早在1629年目加溜灣（今善化）就已有漢人頭人的記錄，後來隨著移民人口增加，頭人人數也相對增加。直到鄭成功接收台灣前夕，大員（台南）附近仍有頭人10至12人。

人物小傳

糾衆抗荷的台南甲螺——郭懷一

?~1652

從二層橋眺望清王宮及二層行村。

領隊抗荷的郭懷一昔日墾荒於二層行溪附近，二層行溪是因溪畔有二層行村莊而得名，往昔渡口設在村莊主廟「清王宮」前，也就是現在二層橋的位置。現該村莊成立為「二行社區」。

郭懷一，是17世紀初居住於大員（台南）阿姆斯特丹區赤崁村的一位大墾戶，據說原本是鄭芝龍的部下。1628（明崇禎元）年，鄭芝龍接受明朝的招撫，回福建出任海防遊擊後，卻有部分漢人選擇留在台灣。這些漢人，除了少數從商外，多半轉行爲農民，於距今台南市南邊不遠的二層行溪兩岸墾荒，居住的地方也自成一獨立的生活圈。經過多年努力後，他們逐漸成爲漢人移民的領袖，而當時統治南台灣的荷蘭東印度公司也賦予他們「頭人」或「甲螺」的尊號，並且透過他們來管理漢人移民。郭懷一就是當時這些漢人的領袖之一。

當時荷蘭人對來台移墾的漢人，是採取課重稅、限制活動區域的政策。1650年以後，漢移民的處境更加惡化。由於荷蘭人在台灣商館的貿易利潤每下愈況，他們便把腦筋動到不斷增加的漢人移民身上，不但大幅提高人頭稅的稅率，還經常藉著收稅的機會敲詐勒索，這讓郭懷一感到相當憤慨，而決心糾眾反抗。

郭懷一原本計畫在1652年中秋節晚上，以賞月聯歡爲藉口，把熱蘭遮城（Zeeldndia，即安平）所有的荷蘭官紳、富商都請來郭家飲酒賞月，乘機一網打盡。誰知消息走漏，荷蘭人早有了戒備，於是郭懷一只好提前起事。

9月8日凌晨，郭懷一與來自各村莊的1萬6千多名漢人會合，迅速朝赤崁的普洛民西亞城（Provintia）進擊。當時他們的武器裝備只有鋤頭、菜刀、鏟子、木棍，以

從二層橋向西眺望二仁溪（即二層行溪）。

及少數步鎗和獵鎗而已。但因普洛民西亞城的荷蘭駐兵很少，於是他們竟在沒有經過廝殺的情況下就取得了赤崁。

普洛民西亞城被攻陷後，荷蘭人立刻在熱蘭遮城召開緊急會議，決定先派遣少數兵力截擊，以阻擋漢人勢力坐大；同時並迅速調集新港、麻豆、目加溜灣、蕭壠（今佳里）4社信奉基督教的原住民支援。

荷蘭先派遣的120名兵士，人數雖少，卻都帶著新式的槍砲。雙方經過一番大戰，漢人死傷不少，正在僵持之際，忽然從後方竄出2千多名原住民。他們攻入了郭懷一的陣營中，使得漢人陣腳大亂。最後，漢人死傷人數越來越多，郭懷一也因為槍彈重創而亡。

郭懷一死後，漢人陣營在慌亂下終於慘敗。這場戰役持續了15天，共有6、7千名漢人戰死，之後更有4千餘人被殺或被捕，此外新港、麻豆、目加溜灣、蕭壠4社的原住民還乘機殺戮附近的漢人，使當時自中國大陸來台的漢人傷亡慘重。

發行人：王阿舍　發行所：遠流舊聞社

舊聞提要

1.因戰亂和飢荒，1648年大批漢人從中國遷入台灣，從事農業，包括5百名婦女和1千名孩童。

2.1650年共有270個以上番社部落參加「地方會議」，對荷

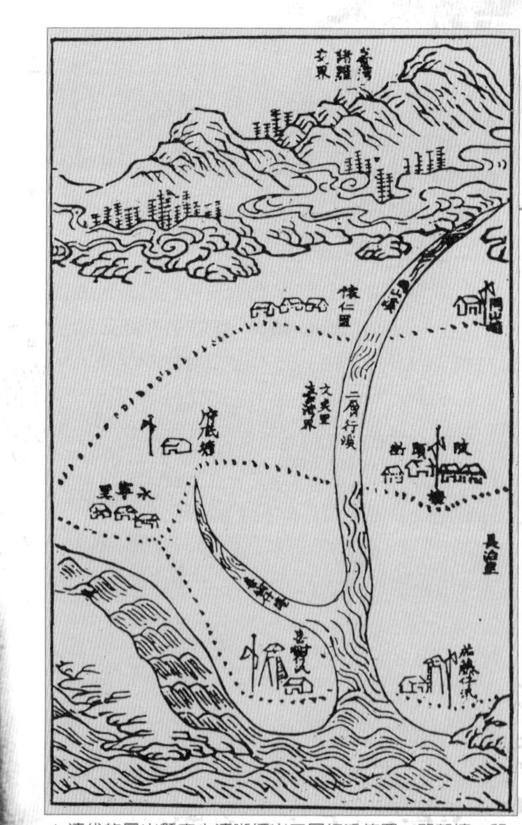

▲清代的鳳山縣志中清晰標出二層行溪位置，即郭懷一墾荒的地方。

歷史報

1652年9月25日　穿越時空　獨漏舊聞

蘭東印度公司表示歸順。

3.因鹿脯價格慘跌，1651年荷蘭政府歲收中的番產交易總額，降為35,383里爾（real），為去年的6成不到。

4.1652年漢移民領袖郭懷一聚眾抗荷，但被荷蘭政府迅速鎮壓，其中數千名漢人遭屠殺。

讀報天氣：陰天

被遺忘指數：●●●○

三角習題難調解
原漢仇恨多為土地起

【本報訊】1652年9月8日，自二層行溪旁墾荒發跡，赤崁地區的漢人領袖郭懷一因為不滿荷蘭政府的重稅剝削，就帶領漢人移民攻打荷蘭人。後來，荷蘭人藉著平埔族人的幫助而打敗漢人移民。在這場戰爭中，平埔族人之所以幫助荷蘭人，不但是因為荷蘭人長期以來透過武力與教化，已逐漸馴服了平埔族原住民，更因為原住民與漢人移民之間早有仇恨。而這個仇恨，其實是由於荷蘭人的土地政策造成的。

從1636年起，荷蘭每年都會召集原住民頭目，在新港舉行歸順典禮。他們以這種具有懷柔性質的儀式，再配以武力鎮壓和宗教教化，果然成功地征服了平埔族原住民。

但在這同時，荷蘭人也招募大批漢人農民到台灣，從事土地開墾，生產甘蔗、稻米

Cap. j.　　fol: 1

Het H. Euangelium ... beschrijvinge MATTHEI. Het eerste Capittel.	Hagnau ka D'lligh Matiktik ka na fasoulat ti MATTHEUS. Naunamou ki lhægh ki foulat.
1 ... Boeck des Geslachtes JESU CHRISTI, des soons Davids, des soons Abrahams.	1 SOulat ki kavouytan ti JEZUS CHRISTUS, ka na alak ti David, ka na alak ti Abraham.
2 Abraham gewan Isaac. ende Isaac gewan Jacob. ende Jacob ghewan Judam / ende sijne broeders.	2 Ti Abraham ta ni-pou-alak ti Isaac-an. ti Isaac ta ni-pou-alak ti Jakob-an. ti Jacob ta ni-pou-alak ti Juda-an, ki tæ'i-a-papar'ap-pa tyn-da.
3 Ende Judas ghewan Phares ende Zara by Thamar. ende Phares ghewan Esrom. ende Esrom gewan Aram.	3 Ti Judas ta ni-pou-alak na Fares-an na Zara-an-appa p'oub-koua ti Thamar-an. Ti Fares ta ni-pou-alak ti Efrom-an. Ti Efrom ta ni-pou-alak ti Aram-an.
4 Ende Aram gewan Aminadab. ende Aminadab gewan Naasson. ende Naasson gewan Salmon.	4 Ti Aram ta ni-pou-alak ti Aminadab-an. Ti Aminadab ta ni-pou-alak ti Naasson-an. Ti Naasson ta ni-pou-alak ti Salmon-an.
5 Ende Salmon ghewan Booz by Rachab. ende Booz gewan Obed by Ruth. ende Obed ghewan Jesse.	5 Ti Salmon ta ni-pou-alak na Boos-an p'ouh-koua ti Rachab-an. Ti Boos ta ni-pou-alak na Obed-an p'ouh-koua ti Ruth-an. Ti Obed ta ni-pou-alak ti Jesse-an.
6 Ende Jesse ghewan David den Koningh. ende David de Koningh gewan Salomon by de ghene die Urias	6 Ti Jesse ta ni-pou-alak ti David-an ka na Mei-fasou ka Si bavau. Ti David ka na Mei-fasou ta ni-pou-alak ti Salomon-an p'ouh-koua

A

CHAP. I. (1) THE book of the generation of Jesus Christ, the son of David, the son of Abraham. (2) Abraham begat Isaac; and Isaac begat Jacob; and Jacob begat Judas and his brethren; (3) and Judas begat Phares and Zara of Thamar; and Phares begat Esrom; and Esrom begat Aram; (4) and Aram begat Aminadab; and Aminadab begat Naasson; and Naasson begat Salmon; (5) and Salmon begat Boos of Rachab; and Boos begat Obed of Ruth; and Obed begat Jesse; (6) and Jesse begat David the king; and David the king begat

▲以新港語寫的馬太福音，由此可見荷蘭人對平埔族的教化之功。

▲荷蘭人統治台灣38年，他們教導原住民使用文字。拉丁拼音化的新港語在荷蘭人離開後，繼續使用到清朝嘉慶年間，一般所稱的「番仔契」，就是用拉丁拼音字母書寫的土地契約，或單張出現，或附在中文契約之後，日治時期學者將此類契字稱為「新港文書」。

等高經濟作物，再由荷蘭東印度公司外銷到中國、日本。隨著糧食與土地需求日愈增加，原為原住民獵場的赤崁一帶，逐漸變成了漢人移民的耕種地，導致原住民生活日漸困苦，因此，原漢雙方在利益衝突又彼此不了解的情況下，心結與仇恨越來越深。

對荷蘭人來說，他們認定台灣土地是屬於殖民者的荷蘭東印度公司所有，而漢人移民只是提供勞力的佃農。雖然，當荷蘭人把土地撥給漢人移民耕種時，新港及蕭壠等社平埔族原住民也曾出來主張這些土地是他們的獵場，但荷蘭人卻認為農耕所得到的商業利潤更高。他們當然也曾鼓勵、勸導原住民耕種，但原住民沒有大量耕作的習慣和必要，無法配合荷蘭人農產商品化的外銷政策。在殖民利益的考慮下，荷蘭人便傾向把土地撥給漢人耕種。1635年起，東印度公司展開一連串獎勵耕種的行動，借貸資金與牛隻供漢人農民開墾。

如此一來，政府、原住民與漢人移民三者，對於土地的分配便時有衝突。而原漢之間因為土地而結下的仇恨，也就蓄勢待發。

▲荷蘭東印度公司的董事。

▲明鄭時代台南漢人家居圖，原載於荷蘭Dapper所著的《中國遊記》。

▲1644年秋天，西門．雅各松．東肯斯（Symon Jacobsz Domckens）畫下赤崁地區的耕地與道路地圖。地圖裡的深綠色地方是指稻田，黃色線條是道路，其他是未開墾地。

▲1629年左右，清晰畫出早期熱蘭遮城附近的景觀，台江內海上還畫有許多船隻。

郭懷一相關時代年表

?~1652

1604
- 明朝官員退荷蘭人。

1622
- 10月，荷蘭聯合東印度公司派船艦17艘占據澎湖。

1624
- 荷蘭人退出澎湖，進占台灣。他們在大員登陸，開始營建奧倫治城（後改爲熱蘭遮城）。

1625
- 荷蘭人開始在新港社的獵場赤崁建普洛民西亞市街。

1627
- 荷蘭傳教士Georgius Candidius抵達台灣，到新港社傳教。

1628
- 鄭芝龍向明朝政府投降，回福建出任海防遊擊。郭懷一與部分漢人仍留在台南二層行溪南岸耕種，之後勢力日漸增加。

1634
- 熱蘭遮城完工。

1636
- 荷蘭征服蕭壠社，有文獻記載當時大員附近28個原住民部落向聯合東印度公司宣佈效忠。

1640
- 荷蘭人對歸順各社的番產交易，採招標包稅的「贌社」制，本年收入1,600里爾（real）。

1650
- 在台灣的漢移民據估有15,000人，其中約有11,000人繳納每人半里爾的人頭稅。

1652
- 9月8日凌晨，郭懷一率眾攻下赤崁城。
- 荷蘭派出兵員，並調集原住民，漢民的陣腳大亂。郭懷一當場殉難。

1661
- 鄭成功攻進台灣，次年荷蘭人向鄭氏投降，荷蘭治台共38年。

【延伸閱讀】

➪ 翁佳音，<地方會議·贌社與王田>，《台灣文獻》，台灣文獻委員會，2001。

➪ 臺灣省文獻委員會，《臺灣先賢先烈專輯》第3 輯，1978。

➪ 翁佳音、吳密察合編，中村孝志著，《荷蘭時代台灣史研究》，稻鄉出版，1997。

➪ 翁佳音著，《異論台灣史》，稻鄉出版，2001。

做鹹鴨蛋尚讚，
做農委會主委也不賴！

Q

清康熙末年的民變領袖朱一貴明明是個男人，
為什麼會被叫作「鴨母王」?

1

據說他是鴨母精轉世

2

據說他專賣母的紅面番鴨

3

據說他發明了薑母鴨

4

據說他養的鴨很聽他的話，而且都下雙黃蛋

4 A 據說他養的鴨很聽他的話

朱一貴在康熙末年來到台灣時，羅漢腳一個，到處換工作換不出名堂來，只好窩在大武汀（今高、屏縣境的林邊溪畔）養鴨，不料卻因此闖出名聲來。在他指揮之下，千百隻鴨子全都服服貼貼的。這其實是鴨子合群的天性使然，但看在一般人眼裡卻有如調度大軍，令人嘖嘖稱奇。後來種種傳說也隨之而起。包括說他日日烹鴨宴客，鴨子數量卻一隻也不曾減少，最奇的是，母鴨下的蛋竟然都有兩顆蛋黃。有一天，他還在溪中驚見「頭戴通天冠，身穿黃龍袍」的倒影，細看原來是自己。種種跟鴨、跟皇帝命有關的奇事，都應在他身上；又因為姓朱，與明朝皇家同姓，人們因此認為他帶有天命。「鴨母王」的名聲不脛而走。

人物小傳

鴨母王的皇帝大夢——朱一貴

1688～1721

自封為中興王的朱一貴，因為開國來的太突然，連朝服都來不及準備，因此與部下紛搶戲園子的戲服，騎牛當元帥，穿戴得不倫不類。

被民間稱爲「鴨母王」的朱一貴，是福建漳州府長泰縣人，1713（清康熙53）年來到台灣，當時26歲，未婚，也沒有固定工作。他一開始是在府城（台南）台廈道衙門打打雜，做做零工，不久便離職了。離職的原因據他自己的口供是：「告退！」（意思是「我不幹了！」），但是官方說法卻是犯錯而被炒魷魚。他離開府城後，轉往大武汀幫人種田度日，最後在這裡靠養鴨發跡，並傳出種種玄奇事蹟，博得「鴨母王」名號。又因他姓朱，他結識的那群羅漢腳，認爲他帶有天命，推他爲領袖。

畫有民間故事鴨母王朱一貴的電話卡。

機會來了！1721（康熙60）年，台灣知府王珍苛酷擾民，行徑惡劣，弄得天怒（那時候剛好發生了地震）人怨，於是朱一貴的同夥便唆使他舉事。4月19日，他們聚集了千餘人，砍竹爲尖鎗，旗旛上書寫「激變良民」、「大明重興」、「大元帥朱」

等字樣，正式造反。5月3日，短短十餘日，朱一貴攻占府城，王珍逃往澎湖。

由於開國來得太容易也太突然，在大封國公和將軍時，連朝服都來不及準備，大隊人馬經過戲園子時，竟搶戲服當「朝服」穿。一個個「赤腳將軍、騎牛元帥」，頭戴明朝帽子，身穿清朝衣服，穿戴得不倫不類，遠近數百個孩童也來圍觀笑鬧，轟傳一時。

後來民間傳唱著一首童謠：「頭戴明朝冠，身穿清朝衣，五月稱永和，六月還康熙。」「永和」是朱一貴5月登基時用的年號。朱一貴政權本身性質與組織不健全，起事後合流的粵人杜君英更因爲不滿他的分封而率眾出走，甚至演變成閩粵械鬥的內鬨，無怪乎6月初朝廷大軍一來，他的政權就垮了。這首童謠十足諷刺了「鴨母王」短暫的皇帝夢。

朱一貴被解送到北京審判時，據說在官員面前不肯下跪，別的「賊目」（土匪頭）在招供時都說「小的」如何如何，他卻稱「我」如何如何，甚至自稱「孤家」，言談之間，神色自若。他被正法時，年方33歲，仍舊是羅漢腳一個。

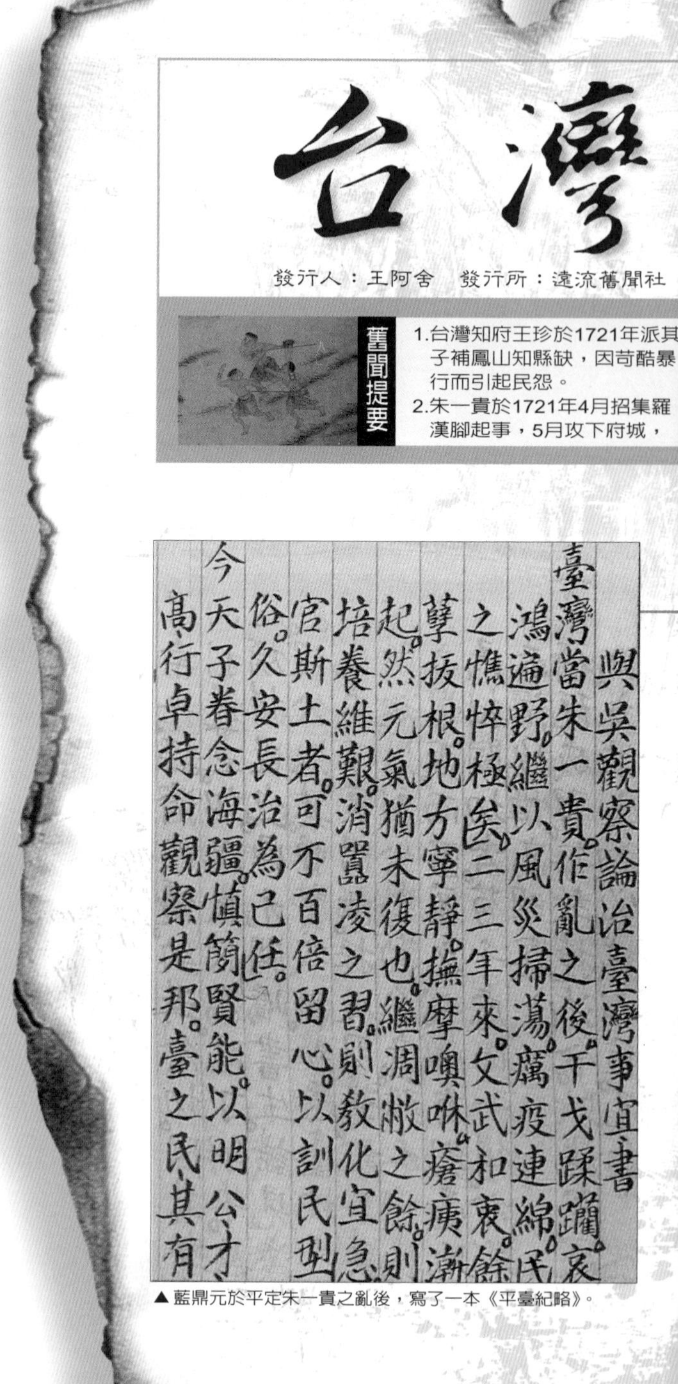

與吳觀察論治臺灣事宜書
臺灣當朱一貴作亂之後。干戈蹂躪。哀鴻遍野。繼以風災掃蕩。癘疫連綿。民之憔悴極矣。二三年來。文武和衷。餘孽拔根。地方寧靜。撫摩噢咻。瘡痍漸起。然元氣猶未復也。繼凋敝之餘。則培養維艱。消囂淩之習。則教化宜急。官斯土者。可不百倍留心。以訓民型俗。久安長治為己任。
今天子眷念海疆。慎簡賢能。以明公才高行卓。持命觀察是邦。臺之民其有

▲藍鼎元於平定朱一貴之亂後，寫了一本《平臺紀略》。

歷史報

1722年2月25日 穿越時空 獨漏舊聞

自立為中興王，號永和。
3.為剿平朱一貴，游擊周應龍徵調4個平埔族部落，並提出首功賞格。
4.清廷派12,000名大軍抵台，1721年6月擊潰朱一貴的民軍。

讀報天氣：多雲轉晴
被遺忘指數：●●○

周應龍弄巧成拙，平埔兵誤殺良民

【本報訊】喧騰一時的「鴨母王」之亂，終於在朱一貴伏法之後宣告落幕。據聞這起大亂直接或間接參與的人數高達數十萬，最後在南澳總兵藍廷珍率領朝廷大軍前來鎮壓之後才宣告弭平。然而據歷史報記者的瞭解，朱一貴在1721（康熙60）年4月21日剛起事的時候，跟隨的徒眾也不過千人，不久卻暴增到數萬人，其重要關鍵，是周應龍在4月24日對旗下原住民兵勇提出首功賞格，而原住民兵丁又貪功誤殺良民，以致激起民忿，讓朱一貴的軍隊得以擴張勢力。

朱一貴剛起事時，最初似乎不太受到清政府當局的注意。所以台灣總兵歐陽凱只派了鎮標右営遊擊周應龍率領400名兵丁，加上從新港、目加溜灣、蕭壠、麻豆等4社（相當於今天台南縣新市鄉、善化鎮、佳里鎮、麻豆鎮）所徵調的平埔族兵勇，隨軍前往平亂。

徵集平埔兵勇協助平亂，並非罕見的新聞，尤其新港等4社平埔族人，早在16世紀就已是荷蘭當局經常徵調的對象。即使當台灣被納入清廷版圖以後，也是一樣。1699（康熙38）年，呑霄社（今苗栗通霄）原住民因通事苛斂而殺通事叛變，清廷也曾調集平埔兵丁弭亂。此次朱一貴叛變，新港等4社平埔兵勇應召出兵，平亂未成反而幫了倒忙，的確是一樁意外。

▲隨堂哥南澳總兵藍廷珍來台平定朱一貴這起民變的藍鼎元，寫了一篇要求台灣人民合作的<告臺灣人民>檄文。

問題出在周應龍所提出「殺賊1名賞銀3兩，殺賊目1名賞銀5兩」的錯誤決策，造成平埔兵團貪功，誤殺良民4人，焚燬民居，燒死8人，導致民衆大起恐慌。叛軍因此得到藉口廣為招人，甚至脅迫百姓加入叛軍，短短幾天內叛衆暴增至2萬，以後更在這個基礎之上擴張到數十萬。

據朱一貴本人的口供說，他年邁的高堂老母李氏仍健在，另外還有哥哥朱勤、弟弟朱萬，據說他們都住在中國大陸而不在台灣，但他們真正的下場如何，就不得而知了。

▲這是繪製於乾隆年間的<番社采風圖>，描繪的是平埔族人在原野上奔逐捕鹿的情景。由此圖可以略窺平埔族人勇健驍悍的模樣。

▲據說朱一貴養鴨於鴨母寮，現今高雄縣內門鄉鴨母寮興安宮即供奉著朱一貴神位。

▲興安宮廟前有一古井，據說是朱一貴部衆飲用水。

▲興安宮近年於廟前水池中增置朱一貴趕鴨子的塑像。

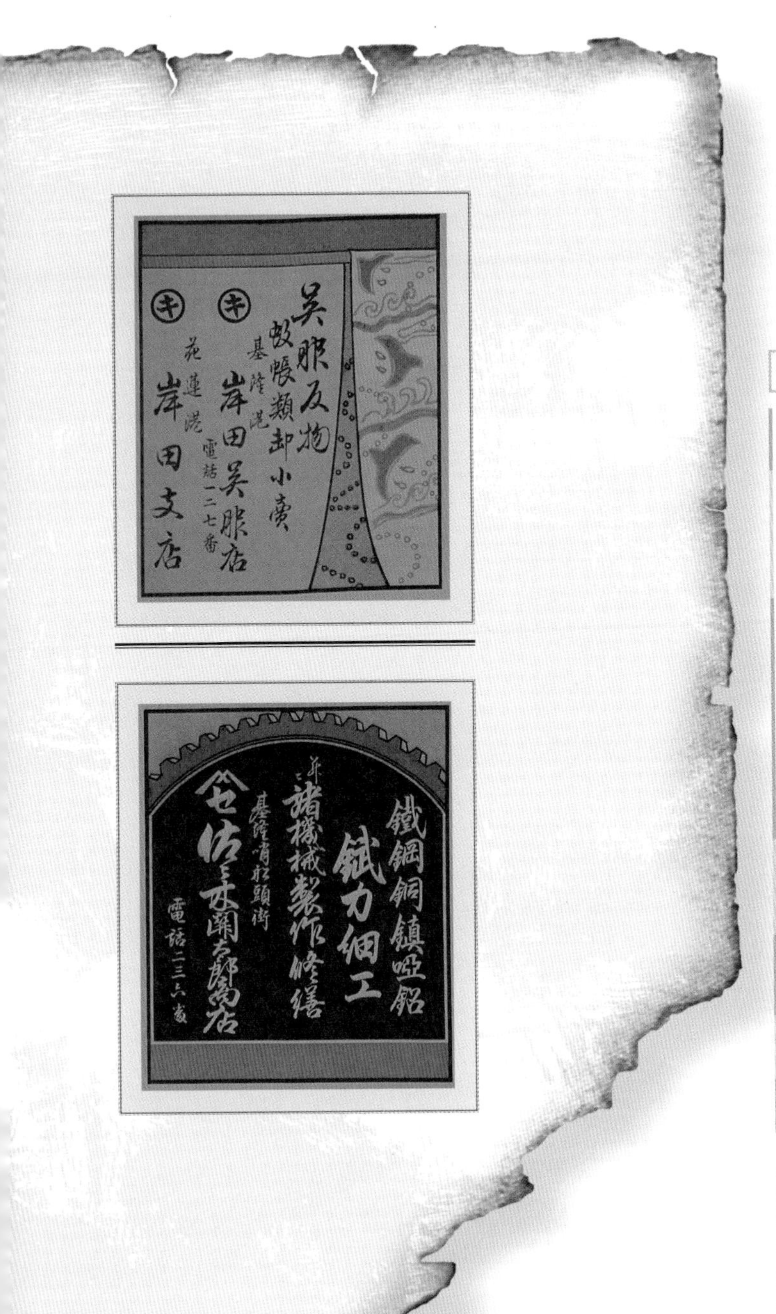

朱一貴年表
1688~1721

1688

- 朱一貴出生於福建漳州府長泰縣。

1713

- 朱一貴來到台灣，時年26歲，於府城（台南）台廈道衙門打雜。不久離職，轉往大武汀幫人種田度日，並以養鴨發跡。

1721

- 4月19日，因台灣知府王珍苛酷擾民，朱一貴聚集千餘人，正式出擊岡山塘汛。
- 5月1日朱一貴攻破府城，王珍逃往澎湖。
- 5月4日，朱一貴稱中興王，建元「永和」。
- 5月10日後，清廷「遠征軍」擊潰朱一貴的「民軍」，朱一貴最後在溝尾庄（今台南縣佳里鎮附近，一說在今天的嘉義縣太保、朴子、鹿草一帶）爲鄉民所獲。

【延伸閱讀】

- 劉妮玲，《台灣的社會動亂》，久大文化出版，1989。
- 謝國興，《官逼民反：清代台灣三大民變》，自立晚報文化出版部，1993。
- 伊能嘉矩著、台灣省文獻會譯，《台灣文化志》（上卷），台灣省文獻會出版，1985。
- 藍鼎元，《平臺紀略》，台灣銀行經濟研究室，1958；台灣省文獻會重影版，1997。
- <朱一貴供詞>，收入中央研究院歷史語言研究所編《明清史料・戊編》上冊，頁21 ，北京中華書局重影版，1987。

大哥，窩裡反條款怎麼定？

Q 1721年鴨母王朱一貴在台灣稱帝後沒多久，就和他的夥伴杜君英鬧翻了，後來杜君英出走，結果造成了哪種社會問題？

1 各地土匪窩紛紛獨立，每個人搶著做皇帝

2 族群對立，大家打成一團

3 天地會組織擴散到全台灣

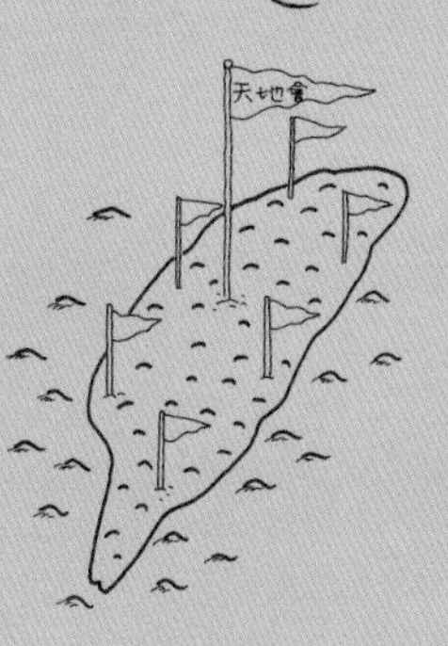

4 血滴子滿天飛

2 A 族群對立，大家打成一團

18世紀台灣最嚴重的社會問題，就是各族群對立、械鬥不已。
起初是福佬、客家不同族群間的械鬥，後來福佬之內又有漳州人、泉州人的互鬥，更後來則是不同縣之間，不同姓氏（家族）之間，甚至同姓不同房都可以發生械鬥。
福佬人的朱一貴和客家人的杜君英拆夥以後，原本福佬、客家聯合抗官的民變，逐漸演變成福佬、客家間的相互仇殺。當時至少衍生了兩起械鬥，一件是江國論（福佬人）在打貓莊（今嘉義縣民雄鄉）殺死客家人7、8百人。另一件是下淡水客家人賴君奏、賴以槐藉故殺死福佬人鄭章的兄弟眷屬，鄭章糾眾復仇，打死賴君奏、賴以槐；平定這次械鬥的藍廷珍曾出示曉諭，要求閩粵兩籍人民，「以後不許再分黨羽，再尋仇釁，各釋前怨，共敦新好，為盛世之良民」。不過，清廷嚇阻無力，械鬥仍是清代台灣最嚴重的治安問題。

人物小傳

清初台灣南部客家人的領袖——杜君英

約1657~1721

屏101道路與聯通路交叉口有一小廟，廟內牌位寫有「杜君英福德正神」，「杜君英」三字橫書，「福德正神」四字直寫，橫書杜君英是指地點，並非奉祀杜君英。

杜君英是廣東潮州府海陽縣人，1707年來到台灣。當時他已經50歲了，在下淡水（清代稱高屏溪爲下淡水溪，下淡水指該溪附近屏東縣境）新白寺地方租地耕種，也替人催討地租。1720年11月，杜君英被控盜砍他人山上林木，爲了逃避台灣府衙門查組，躲藏到下淡水檳榔林附近（約今屏東縣內埔鄉），被許多同是來台當傭工的粵籍客家人奉爲領袖。1721年3月以後，杜君英聽到台灣知府王珍及其次子剝削百姓，引發民怨的傳聞，於是糾眾想搶掠台灣縣的倉庫。4月21日，又聽說朱一貴有所行動，於是派人商談合作。杜君英則率眾劫掠今新園、埤頭一帶。25日在赤山與官軍交戰，倉皇應戰的官兵竟被打得落花流水，清軍南路（台南仁德二層行溪以南至恆春）武備盡除。

位於保安機車行後方有「杜君英庄界」，此為「杜君英庄」村莊邊境上的土地公。客家伯公原始的形制像墳墓一樣，近代才逐漸改為小廟。

這一來，南路開始騷動，漢人紛紛響應朱一貴。杜君英很快地奪取鳳山縣衙（左營），朱一貴也在5月1日占領府城。同時北路（台南以北至大甲溪以南）的諸羅

屏東內埔大和村元帥宮後方30公尺的義勇公廟，廟壁上的銘文，記載舊杜君英庄及「杜國公」事蹟。

縣也為賴池、張岳等攻下，於是台灣為朱一貴黨羽所據。

朱一貴進入府城後，立即出告示，禁止殺掠，因此頗得民心。這時，清廷除了淡水營都司仍守有北部外，全台各地都已經陷落。5月4日，朱一貴被推舉稱中興王，年號「永和」，並大封群臣。

然而，新政權新氣象沒能維持太久，內部已自相殘殺得難分難解。關鍵在杜君英想立其子杜會三為王，但未獲贊同。杜君英因此不滿，常不服號令我行我素，還搶婦女回營。在被擄來的女子中，有「開國元勳」吳外的親戚，吳外要求他放人，杜君英不同意且要殺吳外，就連朱一貴派去責問的人都被扣留。於是朱一貴派兵圍攻杜君英，敗走的杜君英帶著老班底（粵籍客家人）北走猫兒干（今雲林縣崙背鄉），沿路搶掠燒殺，成了流寇。這是5月8日的事，距當時朱一貴稱王還不到一星期。

此時清廷「遠征軍」也已從澎湖出發，抵台後兩度擊潰朱一貴的「民軍」，最後朱一貴亡命曾文溪附近，終在溝尾莊（今嘉義縣太保、朴子、鹿芋一帶）被鄉民捕獲，綁在牛車上解送到福建水師提督施世驃軍前受審。

不久後，原本藏匿到山裡頭的杜君英、杜會三父子，被騙自首，後來被斬。

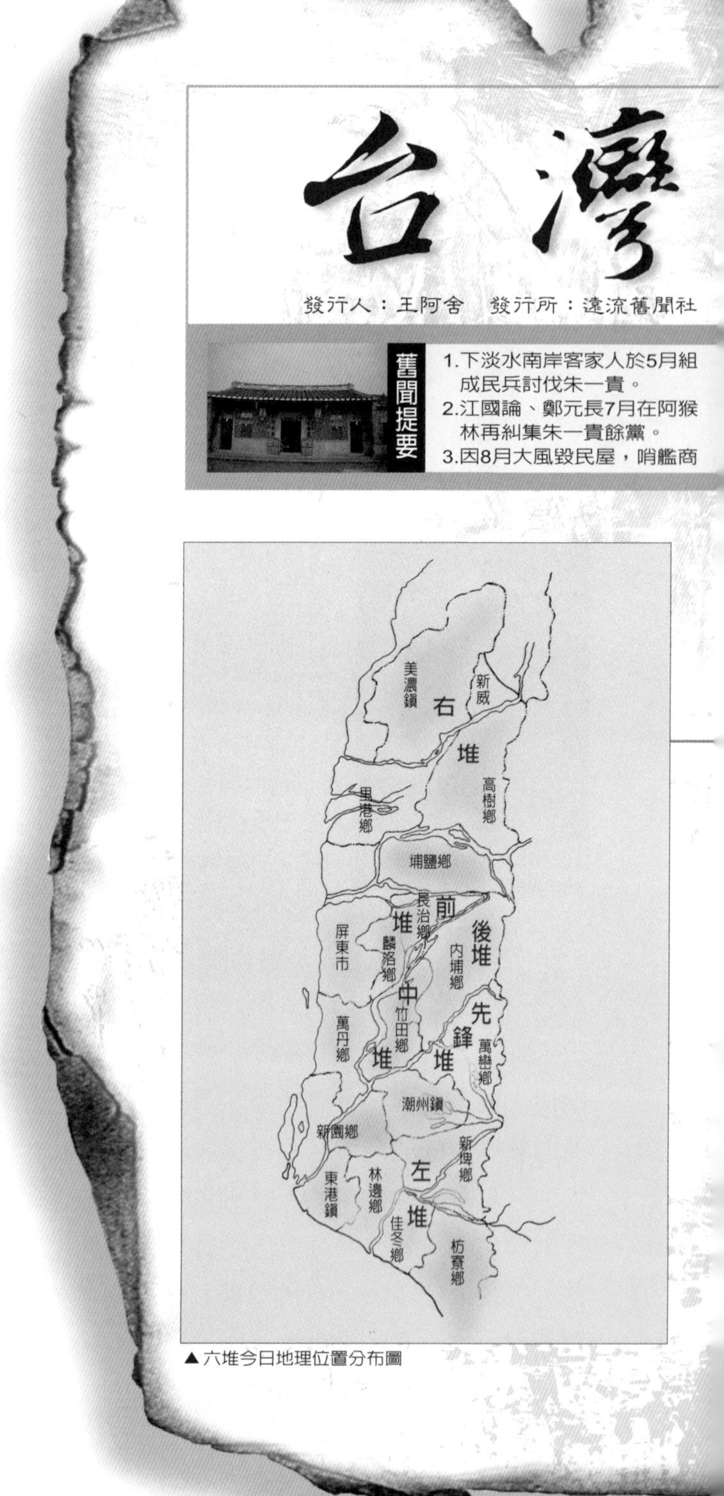

▲六堆今日地理位置分布圖

歷史報

1721年11月3日 穿越時空　獨漏舊聞

船魚舟盡破，民兵溺死者多，清廷下令免1721年租稅。

4.清廷下令，自1721年開始，文武大小官渡台，均不得攜帶眷屬。

讀報天氣：多雲轉晴
被遺忘指數：●●●○

客家組民兵 成立六堆鄉團對抗朱一貴

【本報訊】為保護身家性命和得來不易的墾地，下淡水溪南岸客家人於1721年 5月，決議以擁護朝廷名義，組成民兵討伐朱一貴。

朱一貴事件是清朝領台後第一次大型的民變。本來漳州福佬人朱一貴在今高雄縣內門地方舉事，潮州人杜君英也帶著當地的客家傭工響應，等到打下府城台南以後，雙方卻為誰該稱王而互不相服，演變成內訌。

後來杜君英敗走，朱一貴陣營對於屏東客家庄大肆報復。客家人為求自保，於是決定組成民兵討伐朱一貴。並按照防衛的需要，將下淡水平原上的客家庄，劃分成六個區域，按照位置分別命名為前、後、左、中、右、先鋒等六個「堆」，每個堆管轄若干個聚落。

「堆」這個字，是「隊」的近音，暗示

中堆	屏東縣竹田鄉
先鋒堆	屏東縣萬巒鄉
後堆	屏東縣內埔鄉
前堆	屏東縣麟洛鄉、長治鄉
左堆	屏東縣佳冬鄉、新埤鄉
右堆	高雄縣美濃鎮、屏東縣高樹鄉

▲六堆今日地理位置說明表

六堆如同國家的軍隊。這是高屏一帶客家人以「六堆」為認同標誌的來由。朱一貴被平定後，六堆仍保持聯防組織，哪些村莊屬於哪個「堆」的防務，也一直沿用下來，於是六堆遂由民兵團練的稱謂，逐漸變成客家聚落住民的識別標記。

六堆的成立，雖然有效地化解了屏東平原客家族群可能被滅族的危機，然而清廷對客家庄的封賞，和對福佬庄的處罰，卻也激化了雙方族群的對立，導致此後分類械鬥難分難解。因此，杜君英與朱一貴的反目成仇，便被視為是讓民變變質為閩粵械鬥的開端。台灣俗諺有「十八國公滅杜」，正是族群關係緊繃的寫照。

後來，隨著屏東平原開發的日趨飽和、土地跟水源的供不應求、地權糾紛不斷、生產關係緊張，再加上清廷有意的分化，使得福佬與客家自民變時結下的仇怨，不但無法疏緩，反而越演越烈。最嚴重時，只單憑一句謠言就可以分庄相互攻殺。數十個福佬庄圍困一個客家庄，或十多個客家庄圍攻一個福佬庄的事，時有所聞。

處在兩大族群之間的平埔族，先是跟客家人聯合共同抵禦福佬人，後來客家人日漸興盛，氣勢日焰，平埔族又聯合福佬人對抗客家人。這也是後來這個地區平埔族習俗接近客家人，語言卻接近福佬人的原因。六堆客家庄也在這樣的態勢下，逐漸被孤立。

▲客家祭祀的「土地龍神」，據說類似福佬人所祭祀的「地基主」。

▲屏東縣的傳統客家建築。

杜君英年表

約1657~1721

1657左右

- 生於廣東潮州府海陽縣。

1707

- 50歲時來到台灣，在下淡水（今高屏溪附近的屏東縣境）新白寺地方承租田地。

1720

- 11月，杜君英被控盜砍他人山上林木，為了逃避台灣府衙門查組，便躲藏到下淡水檳榔林附近（約今屏東縣內埔鄉），成為附近客籍傭工的領袖。

1721

- 3月後，杜君英利用豎旗結拜的辦法糾集1千多人，目標是搶掠台灣縣的倉庫。
- 4月21日，杜君英配合朱一貴出兵攻擊檳榔林，劫掠現在新園、埤頭一帶，並襲擊清軍南路的營汛。
- 4月25日杜君英在赤山與官軍交戰，倉皇應戰的官兵被打得落花流水。
- 5月1日占領府城，4日，朱一貴稱中興王，杜君英封為國公，雙方因封王一事起內訌。
- 5月8日朱一貴派兵圍攻杜君英，杜敗走猫兒干（今雲林縣崙背鄉）。
- 5月10日後，朱一貴被擒，9月杜君英、杜會三父子，受騙自首，後來被斬於市。

【延伸閱讀】

➪ 鍾壬壽主編，《六堆客家鄉土誌》，屏東縣常青出版社，1973。

蛇、牛、豬、兔，哪個比較Hot？

Q 朱一貴事件後20多年，黃教也倡舉反清復明。朱一貴被稱為「鴨母王」，而叫黃教什麼外號呢？

4 豬九戒

3 A 偷牛王

黃教自小練就一身好武藝，喜歡結交江湖豪客。他有很多門下食客，包括和尚、道士、江湖俠客，和亡命之徒。這些人來見黃教時，必定帶一頭最肥的牛，做為見面禮。

其實這些肥牛，大多是從附近民家偷來的。失主在氣憤無奈之餘，當然把這筆帳都算在黃教頭上，所以很多人暗地裡叫黃教「偷牛王」。

這些食客來投靠黃教時，除了最初的獻牛以外，以後一切衣食遊樂所需，便都由黃教供應。

黃教好客的名聲經過流傳，不到幾年，門客就愈來愈多，凡是逃避官府的草莽人物，大多投奔到他這裡來。黃教的宅邸變成遊民收容中心，他也就成了官府的眼中釘。

人物小傳

流竄番界的偷牛王——黃教

?~1769

黃教是清朝乾隆時期的台灣縣人，住在大目降，也就是今天台南縣新化一帶。他從小就練得一身好武藝，加上性情豪邁好客，門下集聚許多三教九流的食客，其中也有不少是官府追捕的亡命之徒。

1767（清乾隆32）年間，黃教因糾夥偷盜牛隻，而被具狀控告。次年，官方先拘拿了部分徒眾，讓黃教甚感不安，於是乾脆就於10月2日在大岡山豎旗聚眾造反。黃教以天地會的名號招徠百餘人，當夜就突襲攻入岡山汛奪取槍械軍火。

起事之初，黃教躲入內山，並藉著對山徑的熟悉，出沒無常地突襲清兵的各營汛。他先在北路四處攻擊，11月再轉入南路，共殺死百餘名兵丁。清官兵雖然與黃教等進行過小規模的接觸戰，但多半是隨後追趕無功而返。當年11月中以前，黃教的「賊蹤」最北已到水沙連(現今南投縣竹山鎮一帶)，最南則到鳳山縣的枋寮(今屏東縣枋寮附近)。

清乾隆年間住在大目降的黃教，因門下食客多半偷附近民家的牛送給他當見面禮，因此被叫做「偷牛王」。

後來清軍大舉增援，並採包圍戰，黃教才無法再東竄西突，活動範圍也逐漸縮小，囿限於牛稠溪（今嘉義縣朴子溪）與曾文溪的中上游河谷山區。

隨後，清軍轉而採取攻勢，在熟悉山路的原住民與義民的協助下，進入內山搜捕，並在「界外」(番界)和黃教數次交手。這段期間，黃教不斷喪失黨羽，以及重型武器如大砲等等。

雖然清軍轉守爲攻，但仍遲遲無法捕獲黃教。1769年2月底，清軍運用「以賊捕賊」的策反策略——招撫黃教屬下石雙等6人作爲臥底，在豬母耳(今台南縣新化鎮知母義附近)砍傷黃教後，才開始有了轉機。受傷後的黃教活動能力再度縮小，侷限於他所熟悉的曾文溪中上游一帶，官兵則在其外圍各處山口堵截圍困。3月27日晚上，黃教在官材壟山內(今台南縣楠西鄉鳳興一帶)被官方買通假意進山入夥的舊識鄭純、周寅等所殺，徒眾瓦解。

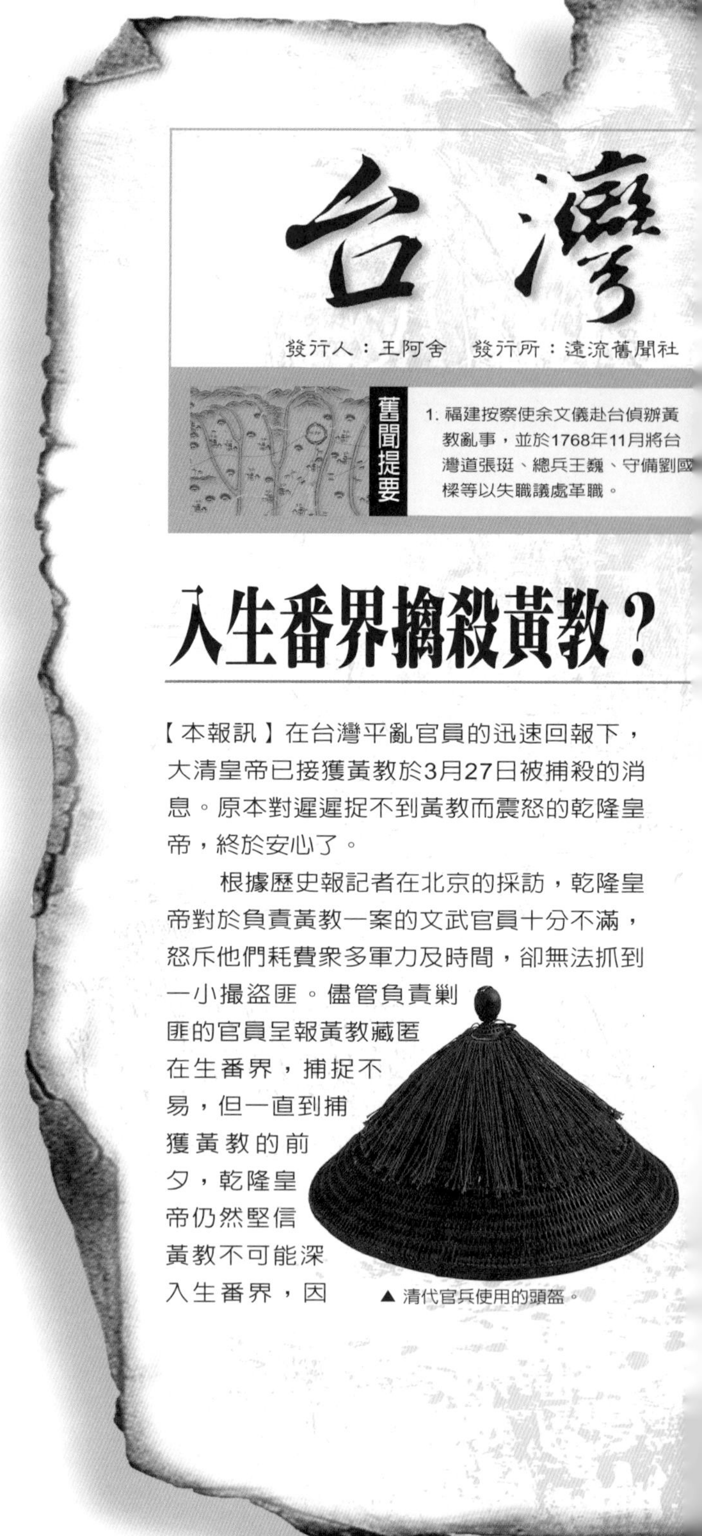

台灣

發行人：王阿舍　發行所：遠流舊聞社

舊聞提要

1. 福建按察使余文儀赴台偵辦黃教亂事，並於1768年11月將台灣道張珽、總兵王巍、守備劉國樑等以失職議處革職。

入生番界擒殺黃教？

【本報訊】在台灣平亂官員的迅速回報下，大清皇帝已接獲黃教於3月27日被捕殺的消息。原本對遲遲捉不到黃教而震怒的乾隆皇帝，終於安心了。

根據歷史報記者在北京的採訪，乾隆皇帝對於負責黃教一案的文武官員十分不滿，怒斥他們耗費眾多軍力及時間，卻無法抓到一小撮盜匪。儘管負責剿匪的官員呈報黃教藏匿在生番界，捕捉不易，但一直到捕獲黃教的前夕，乾隆皇帝仍然堅信黃教不可能深入生番界，因

▲ 清代官兵使用的頭盔。

歷史報

1769年4月10日 穿越時空 獨漏舊聞

2. 因黃教案，1768年12月15日鳳山引發閩粵械鬥。
3. 淡水業戶林漢生招衆入墾蛤仔難，卻於1768年遇害。
4. 在線民的協助下，清廷終於1769年3月27日在「生番」界內擒殺黃教。

讀報天氣：多雲轉晴
被遺忘指數：●●●○

清廷被迫檢討番地政策

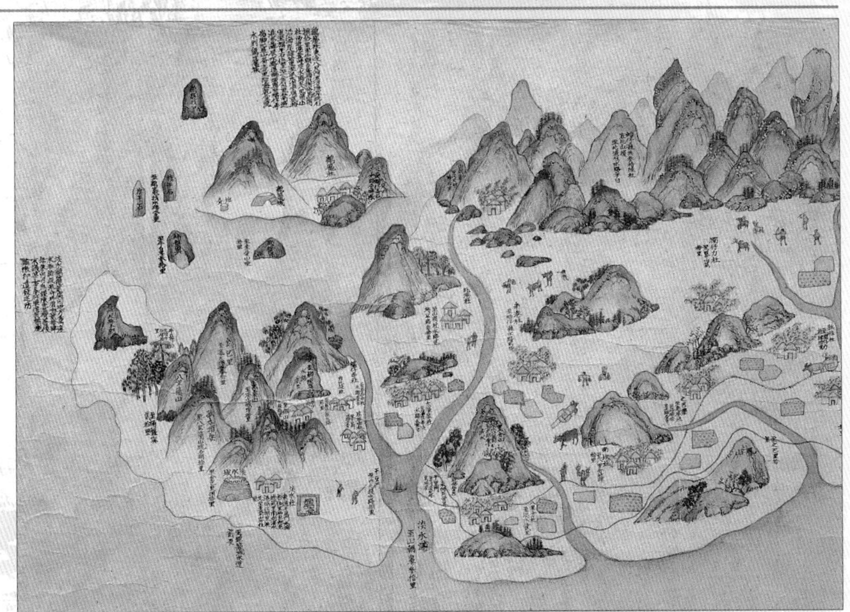

▲清康熙年間所繪的台灣番社圖（台灣輿圖）局部，生動描繪出當時的兵防、道路里程、原住民聚落等。

【四級制行政組織】

- 福建省 — 台廈兵備道（道台）
  - 台灣府（知府）
    - 諸羅縣、台灣縣、鳳山縣（知縣）
    - 一台防（同知）
  - 台灣鎮台（總兵）
    - 府城
    - 南路（台南仁德二層行溪以南至屏東恆春）
    - 北路（台南永康以北至大甲溪以南地界）
    - 安平
    - 澎湖

為生番向來不收容外人，即便是熟番也不敢擅入其地，更何況是身為漢人的黃教如何能闖入生番境內？因此他判斷亂賊只不過是在近山邊界、生熟番之間的夾縫處躲藏而已，而非生番境內。

其實，如果乾隆皇手上有一張詳細的地圖，並確實檢討黃教流竄的路線，他或許可以理解：過去清廷利用生番來威嚇漢人不得越界私墾的政策，已經漸漸失效。現今，連安分小民都甘冒被生番戕殺的危險而在番界外私墾，而且墾域不斷擴大，更何況是那些早已遊走於番界的「賊衆」？黃教一夥人，自1768年10月初起事至次年3月底在官材壟山內被捕殺，這半年來他們游竄於番界，所

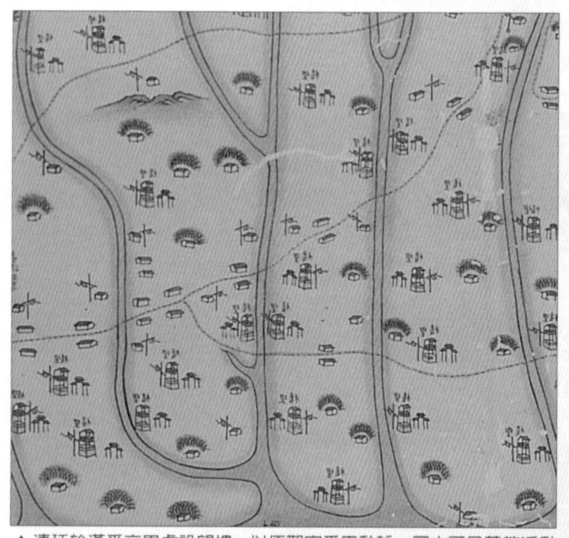

▲清廷於漢番交界處設望樓，以便觀察番界動靜。圖中可見黃教活動的牛稠溪。

▲漢人與原住民衝突日漸激烈後，以設「土牛」、「隘寮」設施，防範土番攻擊。雙方交界處更設有「防番線」。「土牛」是以土堆成的防禦土堆，形狀像牛背面，也是漢番界線。圖為台中縣石岡土牛國小的土牛地界碑。

▲清代漢番界碑，目前殘留者有限。位於台北石牌捷運站的番界碑，1999年7月13日移至現今捷運石牌站前放置。

凸顯的正是清廷「以土牛溝為番漢界線」的政策脫離現實，對於「引生番為外衛」的傳統見解，更是嚴重的挑戰。乾隆皇帝其實應該正視，番界之外反而藏著難以稽查的叛亂武力。

早在1721年朱一貴事件後，就有人勸告清廷不要再封禁隔離，但清廷仍不改消極的治台政策。如今，黃教事件對於清廷更是個警訊——界外反而容易成為「亂民」的巢穴，而且生番也已經不足以做為外衛。對於台灣社會內部的緊張狀態，清廷應該徹底檢討台灣的統治與開發政策了。

黃教年表

?~1769

- 出生年不詳。

1767

- 清乾隆32年間，黃教糾夥偷盜村莊牛隻，被具狀控告。

1768

- 官方拘拿黃教的部分徒眾，導致黃教於10月2日在大岡山豎旗聚眾造反，以天地會之名，招徠百餘人入夥。
- 11月中旬之前，黃教一行人到達之處，最北已到水沙連一帶，南至鳳山縣的枋寮附近。

1769

- 2月底，黃教屬下石雙等6人被官府招撫作爲臥底，在豬母耳(今台南縣新化鎮知母義附近)砍傷黃教。
- 3月底，黃教在官材甕山內被官方買通假意進山入夥的舊識鄭純、周寅等所殺，徒眾瓦解。

【延伸閱讀】

➪ 柯志明，《番頭家：清代台灣族群政治與熟番地權》，中央研究院社會學研究所，2001。

頭家，趕緊來一碗切仔麵！

Q

「蒸不爛的羊，煮不熟的菜，破不開的柴，割不斷的籐」，
這是清初民變林爽文事件時流行的順口溜，意思是…？

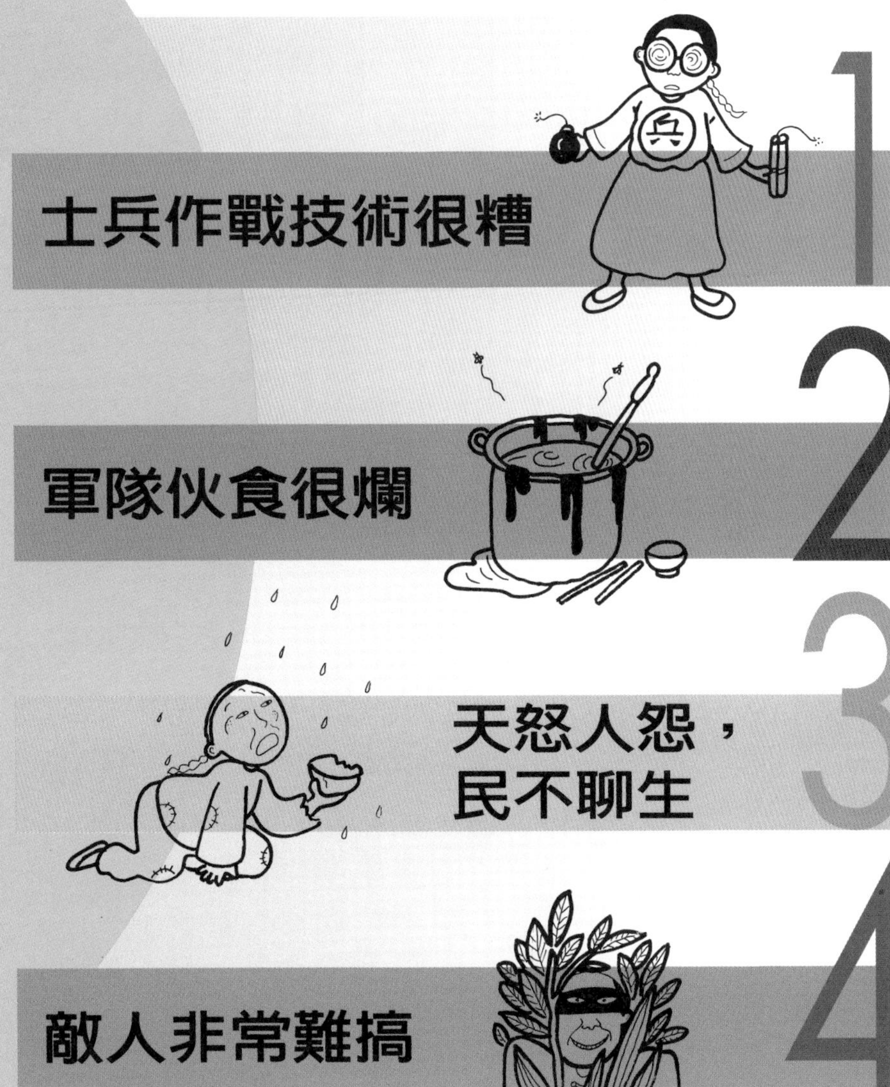

1 士兵作戰技術很糟

2 軍隊伙食很爛

3 天怒人怨，民不聊生

4 敵人非常難搞

4A 敵人非常難搞

羊、菜、柴、籐指的是4個讓林爽文陣營頭疼的人物。「羊」是楊起麟，「菜」即蔡攀龍，「柴」則為柴大紀，而「籐」的土音與「陳」相同，指的是陳鴻猷。這4個人當中，陳鴻猷和楊起麟都慘死在戰場上；被叛軍說是「破不開的柴」總兵柴大紀，則有好一陣子不被朝廷諒解。而捕魚為業的蔡攀龍際遇最好，他體貌雄偉，沒事在街上打架，竟被一位老翁收為女婿，勸他從軍，果然一路青雲。將軍常青曾經拊著他的背讚他是「虎將」，從此叛軍也稱他為「蔡老虎」，見到他的軍旗就發毛。蔡攀龍連連升官，被皇帝賜封健勇巴圖魯，並召工畫像，列入紫光閣平臺20功臣之中，御筆親題「臺灣戰將，巨擘惟茲」贊詞，榮寵之極。

人物小傳

當上天地會大哥的羅漢腳——林爽文

約1757～1788

林爽文出生於福建漳州平和縣，由於在家鄉謀生不易，所以林爽文於1773（乾隆38）年隨著父母偷渡到台灣來謀生。當時台灣中部的大里杙（今台中縣大里市）有相當多林姓同鄉定居，林爽文一家子偷渡過來後，很自然就選擇和林姓族人聚居。那年，林爽文才17歲。

林爽文到台灣之後做什麼營生，目前已經很難弄得清楚。據他本人說，他是個文盲，不識字，曾經幫人家「趕車度日」。官府的檔案紀錄是，他曾經在彰化縣衙門裡當過「縣役」，可能是打打雜、跑跑腿，或者擔任捕快之類的差事。這一點和1731年發動民變的朱一貴經歷很像。

林爽文在大里杙結交了不少草莽人物，而且爲了和泉州人械鬥對抗，早有結盟拜把的行爲。由於他個性豪爽，頗具俠義之氣，在朋黨中隱然成爲領袖。

1784（乾隆49）年，他在一次偶然的機會裡結識了福建天地會的嚴煙，因而加入了天地會。林爽文之所以入會，應該是求自保的成分居多，許多被捕的天地會眾供稱：入會後即使素不相識，也會齊心相助，不怕人欺侮。林爽文自己也表示，天地會是個「邀集多人，立誓結盟，患難相救」的團體。

林爽文入會後不久，即被推爲「總大

林爽文在1786年，因官府嚴辦會黨等原因，率眾發動清代台灣規模最大的一起民變。

圖為乾隆銅版刻畫中，福康安率兵攻破斗六門一景，斗六門為清代台灣南北往來交通要道，林爽文自此節節敗退。

哥」，其實就是會首。而他的反清行動，遠因是1782年彰化地區發生的第一次大規模漳泉械鬥；另外，加上諸羅縣發生雷公會與添弟會互鬥、抗官拒捕的事，餘黨前往投靠他。而彰化知縣俞竣到任後，主張嚴辦林爽文這些大里杙會黨，官兵並於查辦過程勒索百姓、導致百姓情緒激動，則是近因。這些因素導致林爽文於1786（乾隆51）年舉起反旗，展開台灣史上規模最大的一次反清行動。乾隆皇帝爲了平定此案，調派他最親信的福康安前來督軍作戰，平定後還將此案列入「十全武功」之一，可見林爽文一案，確實在清廷中掀起不小的風暴。

1788（乾隆53）年正月，林爽文被捕，解送北京審判，以謀反論罪，3月凌遲處死，死時才32歲。朱一貴被處死時也才33歲，兩個正當壯年的羅漢腳，這一點境遇也很相似。

台灣

發行人：王阿舍　發行所：遠流舊聞社

舊聞提要

1. 林爽文的民兵和福康安軍隊1787年11月大戰於八卦山。林爽文戰敗，彰化城隨之棄守
2. 福康安大軍擊潰包圍諸羅城的

神機妙算乾隆皇

【本報訊】1787年秋天當大將軍福康安的軍隊到達台灣之後，林爽文之亂的情勢開始有了明顯的逆轉，最後終於在1788年初擒獲林爽文。

福康安還沒到，台灣這邊就已經傳聞朝廷派出了10萬大軍。根據歷史報記者事後查證，朝廷大約只派出1萬人。但是大軍到達鹿港那天，只見「鹿港海口檣杆如櫛，列數里」，岸上的叛軍一看，以為真有10萬兵，因此望風潰逃。原來，這是乾隆皇帝親自沙盤推演，面授機宜。他教福康安預先放話說朝廷派出了10萬大軍，然後在1787(乾隆52)年10月底利用順風從福建崇武澳出發，幾百艘的戰船在一晝夜間悉數到達鹿港，因此造出了10萬大軍的假象。

除此之外，福康安還用另一辦法瓦解掉林爽文的跟從者。他在登岸前先派人登岸「露布告條數紙」，也就是以軍隊告捷的文

歷史報

1788年1月15日 穿越時空　獨漏舊聞

林爽文部衆，救出柴大紀等守城清兵。
3. 林爽文的根據地大里杙於11月底被福康安大軍擊敗。
4. 自1787年12月起，清廷停止派遣台灣巡察御史，改由福建督撫、水師、陸路提督每年輪流赴台巡視。

讀報天氣：多雲轉晴
被遺忘指數：●●●○

▲乾隆年間這系列的銅版畫描繪福康安平定林爽文引起的亂事，是以官方觀點描繪的戰功紀念，主角自然是福康安。

大軍掃平林爽文

▲此幅銅版圖為福康安率衆攻下林爽文所據的小半天。

書，向老百姓發出公告說：只要跟從者不再幫助反賊，政府就會網開一面，發給「盛世良民」旗，凡是領有這個旗號的，政府絕不會武力相向。據了解，良民聞風爭領旗者不絕，林爽文跟從著亦多解散。

事實上，按照大清律例，謀反之罪，不論首從，理應處斬，但是林爽文一案牽連上萬人，難道真要一個一個抓來殺頭？用「盛世良民」旗招安，其實是個兩全其美的辦法。60幾年前，清廷就是用這個辦法來處理朱一貴事件的。當時的南澳鎮總兵藍廷珍的秘書藍鼎元就曾說：賊衆將近30萬，別說挺身相抗，就算他們安坐偃臥，引頸就戮，朝廷軍隊也才1萬6千人，以1人斬20個首級，也是不勝其煩。何況他們也是天地父母所生，多半是受賊黨威迫，畏死脅從，掛名賊黨只是為了保全身家性命，不是本願。

藍鼎元的話可說一針見血。藍廷珍也是露布檄告：「大兵登岸之日，家家戶外書『大清良民』者，即為良民，一概不許妄殺。」結果輕易收編了數萬民衆。

福大將軍的做法是不是效前人故智，以之為翻版呢！？

▲嘉義市中山公園內有平定林爽文亂的福康安紀念碑，本座的內容和赤崁樓前內容相同。

▲福康安紀功碑解說牌。

▲碑文至今仍清晰可見，這些碑文敘述福康安平定林爽文亂的過程，包括生擒林爽文、莊大田等事蹟。

▲福康安旌功石碑原本立於台南大南門城內，二次大戰後被移到赤崁樓前。石碑共9座，4座漢文、4座滿文，另有1座內容和嘉義中山公園的石碑內容相同。

林爽文年表
約1757~1788

1757 左右
- 林爽文出生於福建漳州平和縣。

1773
- 隨父母偷渡來台謀生，居於中部的大里杙。

1784
- 結識了天地會的嚴煙，加入了天地會。不久，即被推爲「總大哥」(即會首)。

1786
- 10月彰化知縣俞竣到任，主張嚴緝大里杙會黨。
- 林爽文於11月25日豎旗反清。28日攻進彰化縣城，12月6日攻下諸羅。

1787
- 6月中旬，乾隆皇帝爲了平定此案，派協辦大學士福康安督軍作戰，10月底抵達台灣後，林爽文軍隊不敵，開始潰敗。

1788
- 1月，林爽文在淡水廳老衢崎（今苗栗竹南附近山裡）被捕，解送北京審判，以謀反論罪。
- 3月凌遲處死。

【延伸閱讀】

➪ 劉妮玲，《台灣的社會動亂-林爽文事件》，九大文化，1989。
➪ 謝國興，《官逼民反：清代台灣三大民變》，自立晚報文化出版部，1993。
➪ 莊吉發，《清高宗十全武功研究》，故宮博物院，1982。

歐伊歐伊歐……，打霉樂，你打了沒？

Q 林爽文和莊大田是清朝兩個民變首領，分別住在彰化和鳳山，在交通不便的情況下，他們怎麼和對方聯絡？

1 A 口耳相傳

天地會是林爽文發動民變的重要後盾。當時的天地會並未有嚴密的縱向指揮與橫向聯繫，例如，林爽文招張三入會，張三後來另立山頭，又招了李四、王五入會，而林爽文不見得有機會認識李四、王五。這就是為什麼林爽文被捕後供稱他並不識陳天送也未約過莊大田入會，而莊大田卻說他是林爽文託人邀約加入天地會。其實，那是一種輾轉糾約。天地會黨從北路的彰化地區傳到南路的鳳山地區，中間經過了不知多少的人物媒介。

儘管組織鬆散，但入會宗旨及口訣暗號則彼此傳習，相去不遠。所以，當某一會黨首腦人物起事後，各地會衆通過各自鬆散的聯繫管道，彼此糾約，到處蜂擁而起，而且各大勢力之間不乏媒介人物奔走聯絡，互通聲息，因此造成全台灣會衆隱然歸於同一領袖指揮節制的假象。

林爽文在北路起事後，南路的會衆在莊大田領導下也起而附和，就是類似情形。

鳳山縣的漳州大哥——莊大田

約1730~1788

莊大田是福建漳州府平和縣人，早年跟著父母來到台灣，住在鳳山縣篤嘉港（今屏東里港附近）。1786年林爽文率眾在北路活動時，天地會黨人陳天送到鳳山縣的阿里港（今屏東里港），找舊識莊大韮共同起事。陳天送招兵買馬後想要北上附從林爽文，但是同夥不肯，莊大韮想自立爲領袖，但因無法服眾，最後他們就去找族兄莊大田來當「大哥」。

當時已52歲的莊大田並無意抗官造反，一度躲到了台灣縣（當時台灣縣的縣治也是台灣府的府城，在今台南市），但後來仍被弟兄追回投入抗清行列，在1786年12月12日率眾攻破了鳳山縣城（今左營）。

莊大田攻陷鳳山縣城後，當時位於東港溪上游的山豬毛地區散居著因平定朱一貴有功的粵民村莊。台灣道（清代台灣最高的文官）永福就派了羅前蔭、曾中立兩人，來這裡招募清廷稱爲「義民」的民丁。剛好莊大田同黨也到此遊說抗清，羅前蔭會同莊民殺了他們，另外挑選壯丁，由曾中立指揮，以牽制莊大田的勢力。在此情形下，莊大田只好先退守到楠仔坑。

原本南路的莊大田與北路的林爽文是各行其事的，並無主從關係。在莊大田攻陷鳳山縣城後，素未謀面的林爽文透過黨眾居中聯絡，這兩大勢力決定在12月20日會攻府城，但並未成功。

1787年3月初，莊大田再度攻下鳳山。南、北兩路集合了號稱10萬的會黨，於3月27日二度圍攻府城。府城守軍有限，於是動員上萬義民助陣。激戰終日，官軍、義民漸感不

刻畫出福康安平定林爽文之亂的銅版圖，本圖為莊大田與福康安所率軍隊大戰於枋寮。

這系列描繪此戰事的銅板畫刻法細膩，相當生動。此幅為莊大田被擒，也就是亂事終告結束時。

支時，忽然莊大田的手下大將莊錫舍陣前倒戈，會黨陣勢大亂，清軍這才保住了府城。倒戈的莊錫舍是泉州人，與莊大田帶領的漳州幫，不論在相處、論功上均有嫌隙。台灣道得知後，透過他的親戚勸降。

雖然暫時保住府城，但戰況持續膠著，清軍也無力主動出擊。莊大田猛攻府城，林爽文則全力圍諸羅。直到8月，乾隆皇帝改派福康安爲欽差大臣，調動大軍以獅子搏兔之力來對付台灣的會黨，戰況才有改變。

1788年1月4日林爽文被擒，莊大田相當驚惶，很想主動投降，但因部眾反對而猶豫不決。1月16日福康安領兵南下到牛莊，莊大田倉猝出戰，大敗而走，此後一路敗退。最後當他戰敗後遁逃到瑯嶠（今天的恆春）時，終於在和追兵一番激戰後，連同40多人在柴城被擒。不久後，莊大田在府城被磔死。

發行人：王阿舍　發行所：遠流舊聞社

舊聞提要

1. 噶瑪蘭通判呂志恆於1825年6月擴建仰山書院。
2. 鳳山縣官民於1825年7月籌資重建鳳山城。

▲鳳山新城的東門，但今已不存。

▲從鳳山新城東門郊外，所看到的東門與附近景色。

歷史報

1825年9月24日 穿越時空 獨漏舊聞

3.清廷於1825年在艋舺設軍工廠，兼製樟腦，並禁止民間採煉樟腦。
4.東勢角、葫蘆墩的700名平埔族人，於1825年遷居埔里。

讀報天氣：陰雨轉晴
被遺忘指數：●●●○

打破台灣不築城政策 鳳山新舊縣城的興替

【本報訊】日前鳳山居民才歡天喜地慶賀鳳山舊城改建成石城完工，知縣杜紹祁卻在遷回前因故撤職！這樁不尋常的人事異動，讓繼任知縣決定將縣治仍留在新城的陂頭店，而不照預定計畫遷回在莊大田民變事件受創嚴重的興隆內里鳳山舊城。

說起鳳山縣城的變遷，不得不提到清廷「台灣不築城」的政策。早在1683年，施琅攻下台灣後，曾上書奏請朝廷將台灣併入版圖，作為東南沿海的屏障。但對這個孤懸海外的台灣，清廷始終秉持退縮的防堵策略與不築城政策。北京的官員認為，建城只會製造方便給反清的叛亂者，讓他們得以據險頑抗。為了方便對台用兵弭平動亂，「台灣不築城」就成了清廷消極遙控台灣的政策。

於是，自1683年至1703年，整整20年裡，台灣全島的府、縣行政中心所在地都沒有築城。然而民變事件一再發生，不築城，雖讓叛軍無城可據，但同樣的也讓清兵無城可守。1721年，朱一貴起兵鳳山，所戰皆捷，直撲台灣府治，府治因無城可守，所有官員都棄地而走，乘船逃向澎湖，台灣幾乎

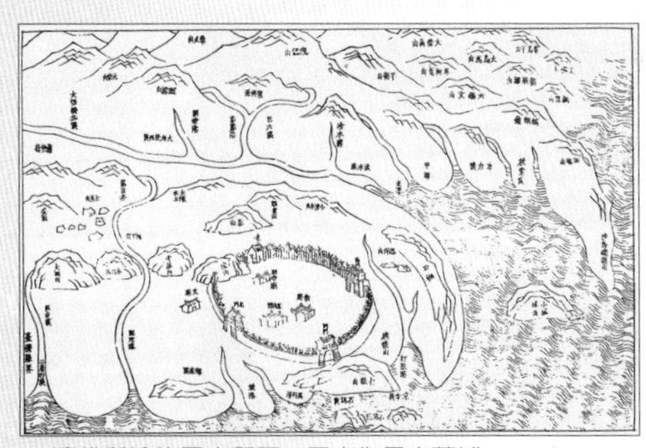

▲清代所繪的鳳山縣圖，圖中為鳳山舊城。

落入朱一貴手中，清廷震怒之餘，「台灣不築城」的政策才動搖崩潰。

朱一貴事件平定後，鳳山知縣劉光泗，先在興隆內里前鋒庄修築了一座土城，但這種脆弱的防禦工事，根本經不起一波波叛亂的侵襲，1787年莊大田兩度攻陷鳳山縣城就是個明顯的例證。舊城在戰爭嚴重破壞下，衙門和城牆幾乎全毀，鳳山知縣只得暫時把縣治搬到陂頭店，並進行舊城的修復工作。

在暫遷陂頭店後，清廷於1788年先以莿竹環圍成一簡陋的城池，1805年吳兆麟擔任知縣後也曾將陂頭店的城池稍加修建。但陂頭店卻在1800年蔡牽亂時被攻陷，事平後有人認為陂頭店的城池土薄水淺，比不上舊城負山面海的天然形勢，兩方意見經過幾番角力，最後才決定遷回舊城。結果就在舊城修建完工時，知縣杜紹祁卻因上司（福建巡撫）革職官禍的牽連，倉促離台！經過這場人事異動的風波後，繼任知縣又以新城位置居中扼要，且舊城的飲水不足、居住條件不佳、人口稀少，因其背山有被俯看觀察城內動靜的可能等等為理由推翻之前的決議，決定不搬了，仍將縣治留在陂頭店，後來就把陂頭店的鳳山城稱作新城，左營的鳳山城為舊城。

縣治一遷移，左營自此沒落，鳳山則繼之興起。由此可知，城的建置與擴展對地方發展影響甚大。

▲鳳山舊城（今左營）的東門（鳳儀門）。

▲位於現今鳳山市三民路44巷的鳳山新城，今日尚存東便門，仍然負有交通孔道的功能。

▲跨鳳山溪的東福橋，橋墩與橋板皆採用花崗石材，1864年建立，目前仍可使用。

莊大田年表
約1730~1788

1730左右
- 莊大田出生於福建漳州府平和縣。

1750左右
- 莊大田跟著父母來到台灣，住在鳳山縣篤嘉港。

1786
- 林爽文亂起，莊大田被推爲抗清首領。
- 12月12日，率眾攻破了鳳山縣城，並殺死知縣。
- 12月20日與林爽文會攻府城，但並未成功。

1787
- 3月初，莊大田再度率眾攻下鳳山縣城。
- 3月27日南北路會黨二度圍攻府城，但手下大將莊錫舍陣前倒戈，因此未攻下。

1788
- 1月4日因林爽文被擒，莊大田甚感驚慌。
- 1月16日福康安領兵南下，莊大田於1月20日在大武壠大敗而走。
- 2月5日莊大田在柴城被擒。不久後在府城被磔死。

【延伸閱讀】

➪ 謝國興，《官逼民反：清代台灣三大民變》，自立晚報文化出版部，1993

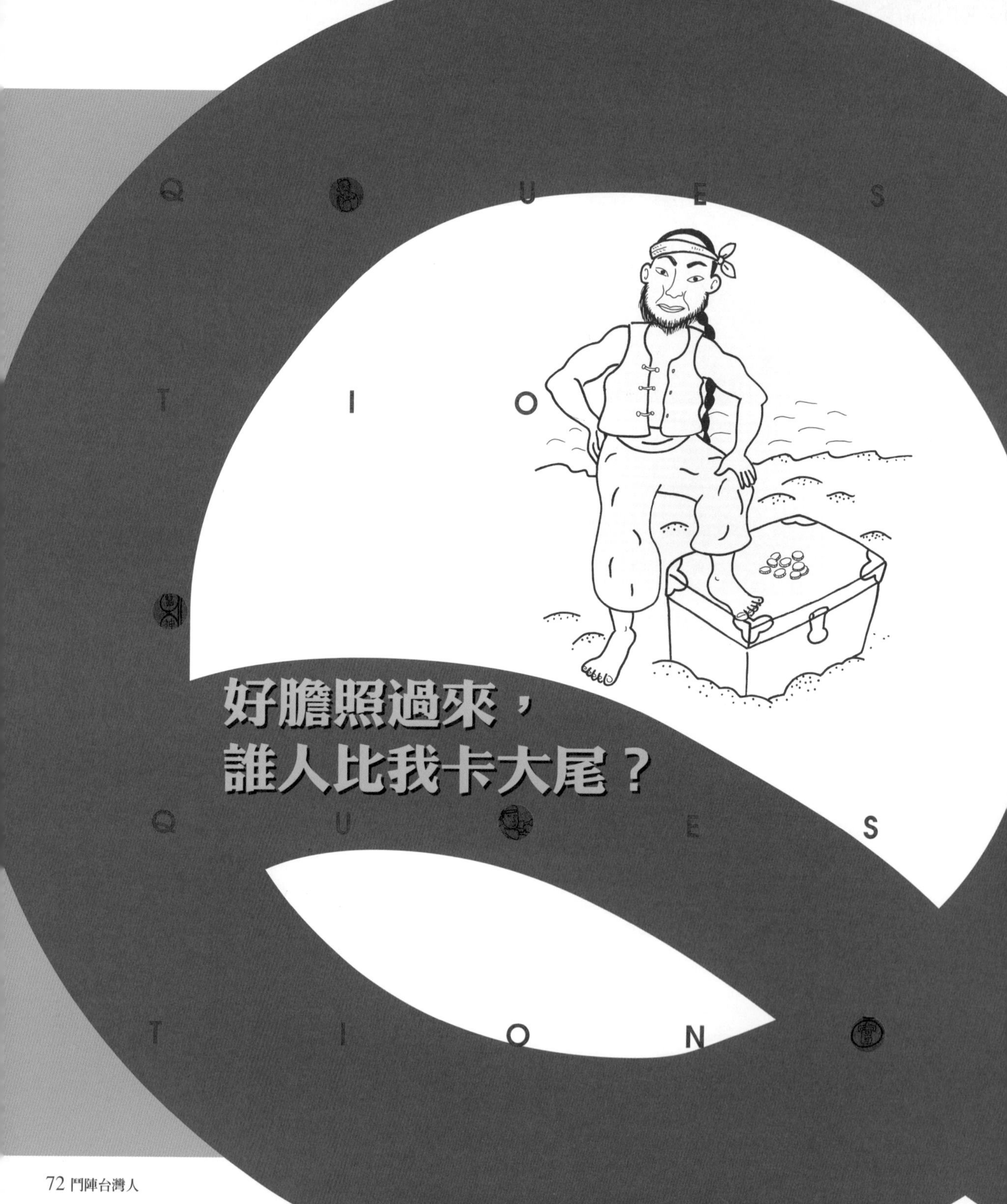

好膽照過來，誰人比我卡大尾？

Q 清朝嘉慶年間，海盜蔡牽縱橫台灣很威風，
但他的手下一夢到李長庚，卻乖乖投降。
請問李長庚究竟是何方神聖？

1 媽祖的護衛

2 長庚醫院的始祖

3 海盜的守護神

4 海盜的剋星

4 A 海盜的剋星

李長庚不是神仙，只是凡人，有趣的是，他的別號叫「超人」。由於他治兵有紀律，恩威並用，而且作戰時總是一馬當先，所以不僅部下畏服，海賊對他也相當忌憚。

早期，李長庚曾和海賊陳盜大戰於海上。陳盜善用火器攻戰，很多戰船都不是他的對手，但李長庚卻聰明地將船轉到上風處，然後在長竹竿上綁上月鐮刀，砍斷陳盜的船帆繚；而後李長庚甚至不顧火燒鬍鬚眉毛，躍入賊船，斬下陳盜的首級。

智勇雙全的李長庚因此成為海盜的剋星，當時海盜們都流傳著「不怕千萬兵，只怕李長庚」。

人物小傳

興風作浪的海霸王——蔡牽

約1780~1809

蔡牽是清代唯一「擁眾數萬、有船數百、橫行數省」的海上巨盜。他最怕的人是李長庚，最感威脅的則是閩浙水師建造的巨型戰艦——霆船。

蔡牽是福建泉州府同安縣人，原本以彈棉花爲業。有關他的生平資料很少，連他爲什麼轉行、在什麼樣的因緣際會之下投入海盜行列，都不清楚。目前只知道他從1796（清嘉慶元）年開始，就出沒在中國東南沿海一帶，和大小洋匪勾結，幹起不用本錢的買賣，呼爲「大出海」。

蔡牽眞正壯大勢力是在1800（嘉慶5）年，當時安南一帶（即越南）的海盜受到重創，幾乎覆滅，蔡牽把安南海盜遺留下來的夷船、大砲和餘黨加以收編，成爲稱霸一方的海上巨寇。他原本都以剽掠浙江、福建、廣東沿海爲主，但是當年的10月，他突然對台灣產生了興趣，大舉入侵台南的鹿耳門，但很快就被擊退了。這是他首度侵犯台灣，此後仍以中國東南沿海各省爲主要的洗劫對象。

次年，閩浙水師的霆船正式下海服役後，對蔡牽造成極大的打擊，蔡牽只好另謀出路。他賄賂福建商人，造出一批比霆船更大的商船，船上載滿了貨物，佯裝出海貿易，暗中卻把船和貨物交付蔡牽，然後回港向官府謊報商船被劫。這批大船雖然不比戰船，但已足夠讓蔡牽在1804（嘉慶9）年的夏天揮軍進犯台灣，成功地劫奪了數萬石米糧。這也是蔡牽將海盜事業的目標，正式轉向台灣的開始。

1804年11月，蔡牽第3度來犯鹿耳門，卻被浙江水師提督李長庚追剿到淡水港。次年4月，蔡牽第4度來台，停泊在淡水港，與彰化內山山賊洪四老聲氣相通。他到處散佈他得天時人事的謠言，而後自稱「鎭海威武王」，年號「光明」。此後不斷騷

▲於船首裝設有大砲的砲船，具有攻擊及防衛性。

嘉義市中山公園內有清代各類大砲共12尊。

擾竹塹、鹿耳門、淡水，甚至入攻安平，進逼台灣府城。後來進犯未成功，蔡牽轉而欲取後山蛤仔難（今宜蘭）。

1806（嘉慶11）年，蔡牽率眾抵噶瑪蘭的烏石港，但被吳沙的侄子吳化逼退。同年5月，蔡牽第8度進犯台灣，於鹿耳門洗劫商船，被澎湖水師副將王得祿率軍追勦，蔡牽急忙揮旗招眾衝浪而出，海盜溺死無數，從此斷了他侵犯台灣的念頭。然而朝廷並沒有因此放過他。

砲身銘文曰「嘉慶十二年秋奉閩浙總督部堂阿、福建巡撫部院張鑄造台協水師左營大砲一位重一千觔」，此砲乃蔡牽聚嘯海上期間，台協水師（綠營中的水師兵，駐在安平）左營為了對抗海盜所鑄造的。

1809（嘉慶14）年，蔡牽在福建水師提督王得祿與浙江水師提督邱良功的合力圍勦下，於澎湖、廈門間的黑水溝（今台灣海峽）沉船溺斃，結束了他在海上興風作浪的一生。

台灣

發行人：王阿舍　發行所：遠流舊聞社

舊聞提要

1. 李長庚所設計建造的30多艘霆船，終於1801年夏天完工下水。
2. 李長庚出任福建水師提督。

沙船圖

▲清代海運使用的船有沙船、三不像船、蜑船等，其中以沙船為主。圖為方頭、方尾、平底、吃水淺的沙船。

歷史報

1801年11月3日 穿越時空 獨漏舊聞

3.閩浙總督玉德於1801年冬彈劾李長庚，遭嘉慶皇帝責難。
4.吳沙之子吳光裔以防備生番為由，於1801年上書淡水廳，請求墾殖蛤仔難。

讀報天氣：陰有雨
被遺忘指數：●○

水師戰船有定制 霆船揚威剋蔡牽

▲清代的海戰船。

【本報訊】為了克制海盜蔡牽，李長庚設計建造了30幾艘霆船，1801年夏天，當這個清廷海軍的祕密武器下水服役以後，果然連敗蔡牽，大大震懾了海盜。

清代的戰船自康熙以後，外海利用巨艦，內河利用輕舟，所以船制屢屢更改。一般而言，外海戰船名號即有趕繒船、雙蓬艍船、雙蓬船、平底哨船、圓底雙蓬䑩船、白艕䑩船、哨船、平底船、雙蓬哨船、水底𦪇船等10類，內河戰船也有9種之多。霆船並不在原來的戰船編制之內，它是嘉慶年間閩浙水師與蔡牽之間從事軍備競賽的新產品。

當時，蔡牽從安南海盜那裡接收的夷船，船身高大，不易仰攻，清廷水師簡直拿他沒辦法。浙江巡撫阮元於是委託李長庚建造更高大的船。1801年，30多艘高大的霆船完工了，總共配置400尊大砲，平均每艘裝置10餘門大砲，由此可以想見其噸位之大，

▲湖北長江水營支隊使用的水保甲船。

如果數砲齊發，當真是雷「霆」萬鈞。

「霆船」到底長什麼樣子，為什麼叫「霆船」？歷史報的記者努力調查之後，只能從側面推知一二。清廷的水師從江河到外海都得防禦，船政組織當然也有一定的規制。以外海戰船來說，最初風帆船長1丈9尺乃至11丈，闊9尺6寸乃至2丈3尺5寸，這是通例。「霆船」的規模可能還要大得多，但我們也只能籠統推知它是船身很高、噸位很大的戰船。因船身高，敵人仰攻不易；而噸位大，可以多配置幾門大砲，提高作戰能力；用「霆」字來命名，大概可以推想速度快是它的長處。

這麼龐大的戰艦，它的製造、保養可不容易。光是造船，學問可就大得很，例如「船之承帆與否，在於8尺之寬窄；船之宜水深淺，在於起底之平或尖；船之衝浪與否，在於船胸之肥瘦；船之利水與否，在於收尾之或高或低。」台灣出產的樟木，則是上好的造船材料，清廷就曾經鼓勵民衆到官有林地内，大規模種植樟樹林。造好的船，按例必須3年小修，6年大修，9年再大修，不堪修造者重造新艦。海船船底尤其容易黏結苔草水蟲等，所以一、兩個月就要傍岸燂洗一次，以避免駕駛不靈與蟲蛀之患。

1801年完工的這30幾艘霆船，在當年夏天下水服役以後，果然連敗蔡牽，大大震懾了海盜。蔡牽在福建浙江沿海吃不開，從此才把目標鎖定台灣。

▲清代造船圖。

▲清代《浙江海運全案》中，以線條描繪的海船。

蔡牽年表

約1780～1809

1780左右

- 蔡牽出生於福建泉州府同安縣，以彈棉花爲業。

1796

- 開始當起海盜，出沒在中國東南沿海。

1800

- 收編安南海盜遺留的夷船大砲和餘黨，成爲稱霸一方的海上巨寇。
- 10月，蔡牽首度侵犯台灣，大舉入侵鹿耳門。

1801

- 閩浙水師霆船下海服役，對蔡牽造成極大的打擊。後，蔡牽賄賂福建商人，建造比霆船更大的商船，並把重心轉向台灣。

1803

- 6月蔡牽劫掠台灣，得米幾千擔，資助廣東海盜攻打福建。

1804

- 4月15日進犯鹿耳門。28日攻北汕，是爲將海盜事業正式轉向台灣的開始。
- 11月三犯鹿耳門，12月攻滬尾被李長庚所敗。

1805

- 3月21日，蔡牽再攻滬尾，而後自稱「鎭海威武王」，年號「光明」。此後不斷騷擾竹塹、鹿耳門、淡水，甚至入攻安平，進逼台灣府城。

1806

- 3月，蔡牽攻噶瑪蘭的烏石港，被吳沙的侄子吳化逼退。
- 5月，蔡牽8度進犯鹿耳門，被澎湖水師副將王得祿率軍追剿，從此不再犯台。

1809

- 福建水師提督王得祿與浙江水師提督邱良功合力圍剿，蔡牽沉船溺斃於澎湖、廈門之間。

【延伸閱讀】

➪ 丁紹儀，《東瀛識略》，台灣文獻叢刊第2種，台灣銀行經濟研究室編印，1957。

➪ 連横，《台灣通史》，國立編譯館，1982。

反清復明……老套了，換點新玩意吧！

Q U
T I O
Q U E S
T I O N

Q

清代台灣的民變領袖常常用「反清復明」，來強調自己是「正義之師」，只有哪一個人例外？

1 大里杙林爽文

2 天地會戴潮春

3 嘉義大哥張丙

4 鴨母王朱一貴

3 A 嘉義大哥張丙

在清代上百次大大小小有記錄的民變當中，張丙事件雖然並非最大，卻相當有特色，
它並未標榜「反清復明」，而是以糧食問題、族群摩擦，
以及地方官處理不當的「官逼民變」作訴求。清代台灣草萊初開，土地關係並不十分明確，
住在河川上、下游的農民往往為了爭奪灌溉水源而起爭端。
為了解決糾紛，農民雖會到官府請求仲裁，但官府往往草草了案，甚至是冤者受罰。
於是農民只好自力救濟，或者是「汝靠官，我靠山」，形成各據一方的山大王，
彼此為利害關係械鬥不已。等到事情鬧大了，就演變成所謂的「民變」。
清朝治台兩百多年間，張丙這次的民亂是繼林爽文事件以後規模最大的一次，
前後歷時一年餘，影響深遠。

爲米糧抗官的「大哥」——張丙

?~1833

張丙是清朝時嘉義店仔口庄的人，這店仔口庄是屬於下茄冬南堡，也就是現在台南縣白河鎭附近。張丙的祖先是從福建漳州南靖渡海來台，世代都務農爲生。他爲人相當豪爽，而且重信諾有義氣，喜歡周濟窮人、幫助弱者、庇護鄉黨，因此頗受鄉民敬重。

大排竹庄係漢人於明鄭時期自倒風內海（今台南縣北門、鹽水一帶）溯急水溪舊河道所開墾的據點，因早期地方治安不靖，常有飢民聚衆成盜，四處劫掠，故庄民在庄外插種大片竹林以為防禦，因而得名。

1832（清道光12）年，台灣各地都有乾旱現象，米穀收成很差，各庄相約定米穀不外送，且禁止運送米穀出庄，張丙受推舉負責執行該項禁令。然而，貪圖厚利的商人卻賄賂了庄中的秀才吳贊，企圖把米偷運出庄外牟利。途中這批米糧被搶，吳贊於是懷疑米穀被搶一事是張丙主謀的，就向嘉義縣衙控告張丙通盜。後來，知縣邵用之雖然捉到了犯案主謀，但仍然準備逮捕張丙治罪。張丙獲知消息後，猜測知縣邵用之應該是被吳贊賄賂，於是對地方官的貪贓枉法憤恨不平。

雙溪口位於現今嘉義朴子市，是八掌溪畔漢民上岸拓墾的渡口。

恰好在這時候，張丙有一位朋友陳辦的族親和今嘉義縣溪口鄉的粵籍豪強張阿凜發生衝突，雙方正在協調時張阿凜卻放火燒了陳辦的房子，陳辦非常不甘心，就邀約好友張丙助陣攻打溪口庄。這時台灣鎭總兵劉廷斌正好北巡，張丙便率領著眾人回店仔口避風頭。沒想到陳辦卻帶人焚掠附近的粵人村庄，事情至此，演變成閩粵械鬥。

陳辦因爲兵械不足，於是動手搶奪嘉義大莆林汛（今嘉義縣大林鎮）的軍器，總兵劉廷斌率兵追擊。無計可施的陳辦，便逃竄到店仔口去，尋求張丙庇護。一連串的事件勾起張丙的新仇舊恨，他認爲官兵專殺閩人，卻偏袒粵人，於是決定與詹通等人豎旗起事。

張丙自起事以來，「一日破三關，二日殺府縣」，連連打敗官兵。而且，在他的號召下台灣掀起反官熱潮，各地各庄皆相應繼起。不到10天，起事的人數已高達3萬人，南北各路英雄紛紛響應；北路有彰化縣人黃城在嘉義和彰化之間的林圯埔（現今南投縣竹山鎮）豎旗起義，南部的鳳山縣也有許成起事，可以說，烽火遍及台灣中南部。官府雖然也曾出兵試圖平亂，但一開始時幾乎全軍覆沒。從店仔口田洋至八槳溪（即八掌溪）的路旁，處處都有陣亡枯骨。

然而因爲號令不一，各股勢力並未統合，各路首領彼此爭著出頭做老大，而且受到粵籍族群的牽制，原本聲勢浩大的陣容，士氣漸漸散離。11月初，福建水師提督馬濟勝領兵在鹿耳門上岸，18日在鹽水港附近重挫張丙。張丙所引發的這場民變，最後還是難敵清廷圍剿，宣告落幕。

舊聞提要

1.欽差大臣瑚松額1833年2月奉旨來台，清剿張丙餘黨。
2.閩浙總督程祖洛等於1833年3月奏呈台灣善後事宜21

福佬客家衝突

【本報訊】堅稱「地方官辦事不公」而在台灣抗官的張丙，日前被擒押解到北京，並於26日處以極刑。他的死亡，對官府來說似乎宣告一樁亂事的結束，但對台灣的福佬、客家移民來說，族群的衝突卻逐漸加溫。

18世紀中葉後，在台開墾有成的閩籍移民，為解決開墾人力不足的窘況，招請工資較低的客籍傭工渡台助墾，傭工們單身來台工作，農忙後即回中國大陸，無法在台生根。

直到1786年，台灣中部爆發林爽文事件，客籍傭工在福佬籍頭家或官方的號召下，放下鋤頭拿起武器，組成義軍前往中台灣作戰，或者留在北台灣捍衛自己開墾的土地。隨著亂事擴大，一牛車一牛車的客家傭工遺骸從戰場運回。由於他們在台並沒有親族後嗣，於是便由同鄉親友為他們集體舉辦

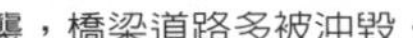

條，包括嚴禁偷渡、遷徙等。
3.張丙等被押送北京，於1833年6月底處以分屍極刑。
4.彰化縣大風雨來襲，橋梁道路多被沖毀。

讀報天氣：晴
被遺忘指數：●●●○

義民爺、有應公傳奇起

▲雙溪口位於八掌溪和支流頭前溪交匯處，其旁有一萬善公廟奉祀「黑白將軍」。據稱萬善公原是張丙事件時清朝陣亡將士合葬之所，而立廟之處，乃主帥屍骸埋骨之處。

▲忠義十九公的由來，乃是林爽文事件時，諸羅城的18名烈士和1隻「義犬」。

▲小廟中供奉的萬善后土。

簡陋的喪禮，並以乾隆皇帝賜的「褒忠」為號，建廟共同奉祀香火，稱他們為「義民爺」。後來，這一集體奉祀的傳統，逐漸演變成北台灣客家人有名的「義民信仰」。類似於官式褒忠義民的作法，在南台灣則形成「有應公」這種地方福佬系統的慰靈信仰。

而另外那些倖存的客籍傭工，則成了後世子孫的「開台祖」。他們藉著平亂有功而取得拓墾土地的權利，從原本被雇用、像候鳥般往來台灣海峽兩岸，從此得以墾戶身分來台安家落戶。於是在林爽文事件後，一波波客籍移民團開始大量入墾台灣。

這些住在近山或丘陵地的客家移民，為了爭奪有限的土地與用水資源，無可避免地和住在近海或平地的閩籍移民發生衝突。在族群衝突持續累積，加上台灣南部久旱不雨、官府處理搶米糧事件不公，終於擴大了福佬、客家間素來不合的嫌隙，最後導致1832年張丙祭旗起事、戰禍蔓延全台的動亂。

事件平定後，福佬、客家間從此陷於緊張狀態，族群之間毫無信任感，稍有風吹草動，族群的械鬥殺戮隨之而起，也造就了更多「義民爺」和「有應公」。

▲以義民爺名稱設置的供奉牌位。

▲張丙之亂時，當地為陣亡的義民所設的陣亡忠義碑記。

▲此座廟宇，供奉的亦是張丙亂時的犧牲者。

舊聞辭典

台灣編查流寓六部處分則例（限制渡台、嚴禁偷渡）

1684（康熙23）年清政府頒佈「台灣編查流寓六部處分則例」，規定流寓台灣的人，沒有妻室產業者逐回原籍，若已有且願留台者，報名存案。同時有三禁，限制內地人民渡台：一、欲渡台灣者，需經審驗批准。潛渡者嚴處。二、渡台者，不准攜帶家眷。業經渡台者，亦不得招致。三、粵地屢為海盜淵藪，積習未脫，禁其民渡台。但此後規定時有變更。嘉慶之後雖循例未變更，但實際移民很多。至清末，禁令更只成具文，沒有用處。

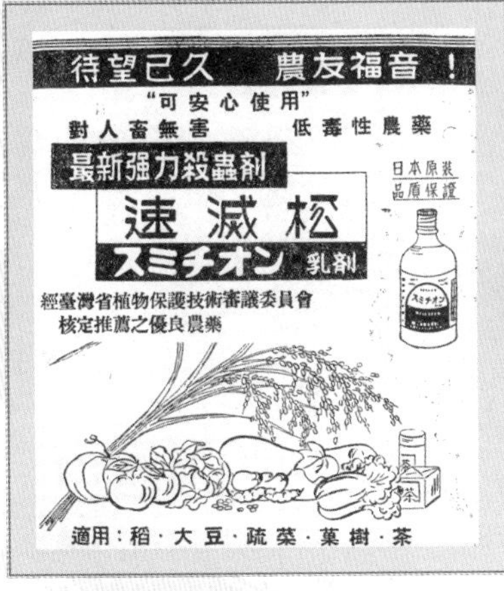

張丙年表

？~1833

- 出生年不詳。

1832

- 台灣各地乾旱，米穀欠收，張丙因米穀外送之事被誣告通盜。
- 友人陳辦與粵籍豪強發生衝突，遭官府追緝，陳辦於是尋求張丙協助
- 10月初，嘉義知縣邵用之追捕張丙，結果反被殺害。張丙正式起事。
- 10月裡，各地響應張丙人數高達3萬人，包括彰化縣黃城和鳳山縣許成的兩股勢力。
- 11月初，福建水師提督馬濟勝領援兵在鹿耳門上岸。
- 11月18日，馬濟勝在鹽水港（今鹽水）附近重挫張丙。

1833

- 欽差大臣福州將軍瑚松額會同程祖洛等人，清剿張丙餘黨，問斬者300人。
- 6月，張丙等被押解到北京處以極刑。

【延伸閱讀】

➪ 邱彥貴，《舊嘉義縣（1723-1875）下平原客家分布調查研究》，國家文藝基金會獎助計畫，1999。

➪ 王詩琅，《台灣人物表論》，高雄德馨室，1979。

➪ 吳順發、張溪南，《迴狩店仔口》，台南縣立文化中心，1996。

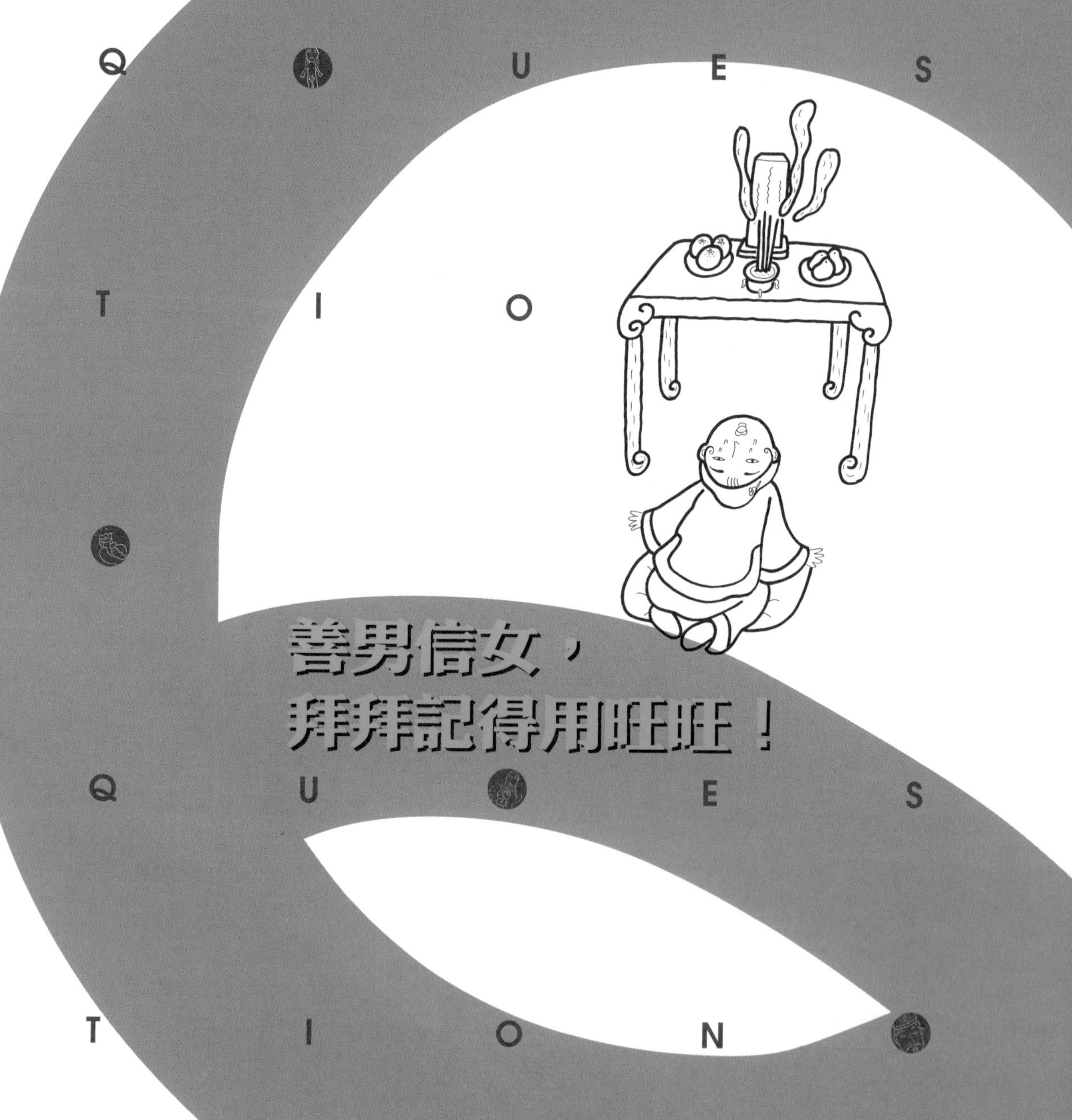

善男信女，拜拜記得用旺旺！

Q 人死後才會有神主牌位，為什麼天地會的戴潮春生前就把自己名字供在香案上讓人祭拜？

1 告訴信眾，他就是大家的祖先

2 為了讓信眾供養他

3 要讓人以為他死了，官府就捉不到他

4 這是一種祈求長生不死的儀式

4 A 這是一種祈求長生不死的儀式

天地會是由中國大陸傳入的一種秘密會社，其入會儀式稱之為「過香」，不過，傳到戴潮春時，這種入會儀式已經變得相當繁複而且本土化。過香的方法是環竹為城，在城中設香案，供奉創會祖師；城分四個門，在北門香案上供奉戴潮春的長生祿位。長生牌位往往是因為對地方有「功」，地方人士為了表示感激而設立的。而戴潮春的長生祿位除了祈求趨吉避凶、長生不死之外，也有對會衆灌輸神化意識的作用。旁邊另外供奉朱一貴和林爽文的牌位，稱為「先賢」，林爽文確實是天地會的「先賢」，但朱一貴卻跟天地會一點關係也沒有。戴潮春只是把他們當作造反的先驅而加以膜拜。

人物小傳

台灣史上作亂最久的民變領袖——戴潮春

?~1863

戴潮春，小名萬生，原籍福建漳州府龍溪，不過從他祖父戴神保起，就已經來到彰化縣四張犁（約在今天台中市北屯區仁美里一帶）定居，而且是富甲一方的土豪。

戴神保空有家財，卻屢試不第，於是花錢捐了個例貢生的頭銜，而他在1832（清道光12）年張丙爲亂時，曾出錢出力保衛鄉里，所以官府又頒給他八品頂戴。戴神保生了4個兒子，長子松江，擔任「北協署稿書」，也就是在駐防中部的部隊中擔任文書工作。松江生子7人，戴潮春排行第4，後來承父親衣缽，繼任北路協署的稿書。這種文書工作須粗通文理，甚至得小有功名的人才能勝任，照當時的標準來看，戴家可以說是豪富傳家且兼書香門第。

然而安裕的門風後來卻慢慢變了質。先是戴潮春的哥哥戴萬桂與霧峰林家因爭奪田租，而結成土地公會以求自保，後來又倡立八卦會，戴潮春此時在北路協署中任職，所以並未加入。之後，北路協署的參將夏汝賢謀奪其家產，逼得戴潮春辭職，還為求自保而成立天地會。結會在當時雖然是違法的，但戴潮春並無造反之意，他甚至還以團練的名義協助清政府維持治安。不過天地會的聲勢越來越大，而且分子複雜，難以駕馭，時常鬧出事端。

嘉義市南郊八掌溪畔有因戴潮春之亂而殉職人員合祀之神位，上書「文武員弁義士兵民人等神位」。

1862（清同治元）年3月，淡水同知秋曰覲奉命前來彰化勦辦會黨，這時有人保薦林日成和林奠國隨同勦辦，哪知這兩個人互生嫌隙，林日成竟然中途倒戈，殺了秋曰覲。原本沒有造反意圖的戴潮春，一聽到這消息還深自懊悔，因爲朝廷命官爲辦會黨而被殺可是椿不得了的大事，朝廷是不可能放過他的。林日成的倒戈弄得戴潮春勢成騎虎，最後只有揭起反旗硬幹到底了。這一翻雲覆雨，竟鬧出台灣史上爲

同樣位於嘉義八掌溪畔的戴潮春之亂與林爽文之亂死難兵勇集中靈骨塔——「昭忠義民公」靈骨塔。

時最久的一起民變。3月，戴潮春與林日成的勢力結合，攻下彰化城。戴潮春自稱大元帥，發告示安定民心，命令百姓蓄髮，並模仿明朝的官僚體制分封文武百官。不久大肚、牛罵頭、葫蘆墩、大甲等地也紛紛響應。4月時，戴潮春的勢力已經擴張到了嘉義。

這時，清廷開始派兵平亂；先是5月時有台灣總兵曾玉明率軍從鹿港登陸，12月時又有水師提督吳鴻源的軍隊從安平登陸，官府逐漸收復嘉義、斗六門、彰化及大甲一帶。

次年9月，清廷再派出新任的台灣道丁曰健從淡水登陸，並會合竹塹林占梅的團練南下，這才終於把中部地區的亂黨勢力一一殲滅。12月時，戴潮春在寶斗街（今彰化縣北斗鎮）附近的芊寮仔莊就擒，隨後正法。據說當時他是在投靠當地大族張三顯時，被張三顯送官法辦的。戴潮春雖然已死，但整個戴案的餘波卻延續到1865（同治4）年4月，所有的餘黨被捕之後才算正式結束。

發行人：王阿舍　發行所：遠流舊聞社

溪湖鎮　番婆里

舊聞提要

1.天地會戴潮春反清，1862年3月攻下彰化，自稱大元帥，並仿明朝官僚體制分封文武百官，命百姓蓄髮。

戴潮春造反

【本報訊】1862年自從戴潮春之亂爆發後，《台灣歷史報》也一路跟著追蹤報導，記者發現不少婦女不但政治立場鮮明，個性也很突出。

例如彰化有位靠揀拾字紙為生的半百婦人叫南嫂，當街詛咒叛賊早早去死，結果她被殺時，面不改色。另外，西螺廖談打算降官時，他的妻子蔡邁娘卻豪氣干雲地說道：「勢敗就反背於人，那叫不守信，我寧願死在紅旗下才瞑目。」蔡邁娘和南嫂的政治立場迥異，脾氣倒是一樣剛烈。她被官府正法後果真死不瞑目，人們想起她生前說過的話，於是割了一面紅旗蓋她的臉，她才闔眼。

蔡邁娘的事蹟聽來有點玄奇，但是大家言之鑿鑿，歷史報記者也難以查證。另外據說亂軍包圍大甲時，好幾次截斷水道，居民無水可用，70多歲的林姓節婦3次祈雨，3次

歷史報

1862年8月18日 穿越時空　獨漏舊聞

2.天地會衆林日成和陳弄，4月分別攻下阿罩霧、鹿港、嘉義、大甲等地。
3.淡水於7月18日正式開關徵稅。
4.台灣北路蘇黃二姓械鬥，後由竹塹林占梅平定。

讀報天氣：晴偶雨
被遺忘指數：●●●○

台灣節婦悍妻齊出頭

▲清代官家婦女所穿著的服飾。

▲清代一般婦女的服飾。

▲從清朝到日治初期台灣婦女的裝扮大致如此。

都靈，簡直被視為神通。記者還聽說鳳山有位姓李的婦人，丈夫和兒子當兵都戰死了，她乾脆自己領軍殺賊。當然也有反例，有個叫王新婦的人（他是個男人）當上戴潮春陣營裡的「將軍」，其母引以為傲，後來王新婦被捕正法後，他潑悍的母親「挺18斤長刀作旋風舞，壯士20人不能近」，還自刻「一品夫人」印佩掛胸前，聲稱為子報仇而一再攻打嘉義。還有替夫報仇的：「保駕將軍」鄭大柴被官兵殺死後，他如花似玉的妻子謝秀娘，率賊兵攻打寶斗街。比較有趣的是賊目嚴辦的老婆諢號「大腳甚」，陳弄的老婆諢號「無毛招」，都是有名的悍妻，也是讓清廷官民頭痛的賊將。

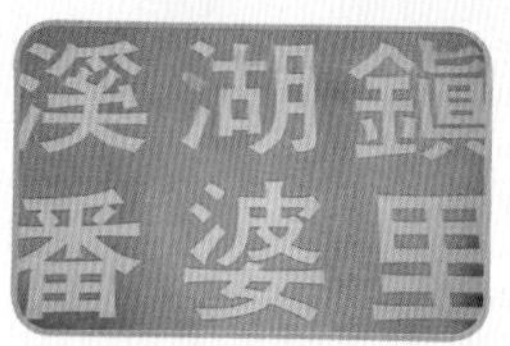

▲陳弄之妻素來慓悍，昔日紮營的溪湖南方竹叢，目前被稱為番婆里，沿用至今已逾百年。

可想而知，這些拋頭露面、在戰場上廝殺、不讓鬚眉的婦道人家是不纏足的。事實上，台灣早期大腳丫婦女比比皆是，1697（康熙36）年來台灣採硫的郁永河就曾說：台灣婦女「弓足絕少」，「凡陌山相逢，於裙下不足流盼也」。女子不纏腳之所以蔚然成風，是因為台灣正處於移墾階段，勞動力需求殷切，除非是特別講究門風的富貴人家，否則普通人家的女子不纏腳，就是為了投入勞動生產。

▲遍種刺竹成林可有「進可攻，退可守」的軍事用途，目前番婆里附近仍可見有此舊景。

話說回來，也因為移墾社會的關係，台灣女子跟中國大陸女子相比，所受的禮教與社會束縛也似乎較少。她們可以自由自在地逛街、看戲、進香，碰上鄉村演戲時，更是結伴到場，男女雜沓的情況下，不免婆娑作態。有官員就認為此種現象頗不雅觀，甚至直斥「台風淫蕩」。從統計數字上來看，台灣貞節牌坊的數目確實遠遠不及中國大陸，是否就是這個原因呢？

▲貞節牌坊。1882年建立的黃氏節孝坊，現位於台北市的228紀念公園內。

儘管戴潮春為亂期間，台灣不乏強悍的婦女，但來台的福建舉人林豪卻也觀察到台灣女子的另一面：「善修容，諳刺繡（不亞蘇杭）」，更有「慧黠，會計持家遠出男子右，故貿易事多歸之」的生意女強人。

總之，戴潮春之亂讓我們注意到台灣婦女鮮明、突出而多元的形象，這是歷來民變紀錄少有的。

▲台灣早期穿著大禮服的婦女。這種裝扮從清朝一直沿襲至日治初期。

戴潮春年表
?~1863

出生年不詳

- 戴潮春出生於今台中市北屯區仁美里一帶。祖父戴神保，父親戴松江。戴潮春排行第4，後來承父親衣缽，繼任北協署稿書。

1861

- 因拒絕行賄上司，戴潮春遭軍營革職。

1862

- 淡水同知秋日覲奉命至彰化勦辦會黨，卻被林日成殺死。當時戴潮春正是天地會會首，因恐被牽連，乾脆於3月17日揭起反旗。
- 3月戴潮春攻下彰化，自稱大元帥，發告示，並模仿明朝的官僚體制分封文武百官，命百姓蓄髮。
- 4月，天地會眾林日成攻阿罩霧，陳弄攻鹿港、嘉義、大甲等地。
- 5月，台灣總兵曾玉明率軍從鹿港登陸，但無法平定亂事。
- 12月，水師提督吳鴻源率兵從安平登陸，清廷逐漸收復嘉義、斗六門、彰化及大甲一帶。

1863

- 9月，新任台灣道丁日健、福建陸路提督林文察，分別帶兵抵台，鎮壓戴潮春之亂。
- 12月，戴潮春在寶斗街（今彰化縣北斗鎮）附近的芋寮仔莊被擒，隨後正法。

1864

- 戴案餘波延續到4月才正式結束。

【延伸閱讀】

➪ 劉妮玲，<清代台灣民變研究>，國立台灣師範大學歷史研究所專刊（9），國立台灣師範大學歷史研究所，1983。

➪ 謝國興，《官逼民反：清代台灣三大民變》，自立晚報文化出版部，1993。

➪ 蔡青筠，《戴案紀略》，台灣銀行經濟研究室，1964；台灣省文獻會，1997重影版。

➪ 林豪，《東瀛紀事》，台灣銀行經濟研究室，1957；台灣省文獻會，1997重影版。

偷斤減兩我不會，
我是古意第一名。

Q 在台灣的民變史上，誰被稱作「公道大王」

1 鴨母王朱一貴，
他賣鴨蛋價錢很公道

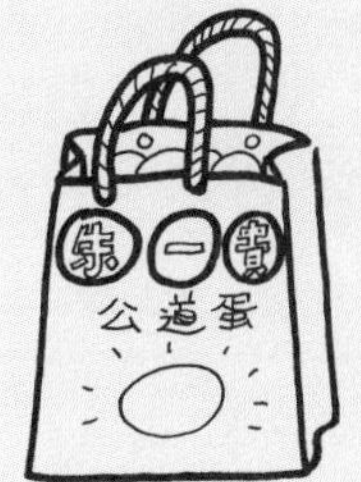

2 抗糧事件的郭洸侯，
他呼籲糧價要公道

3 二林的施九緞，
他反對「以暴制暴」

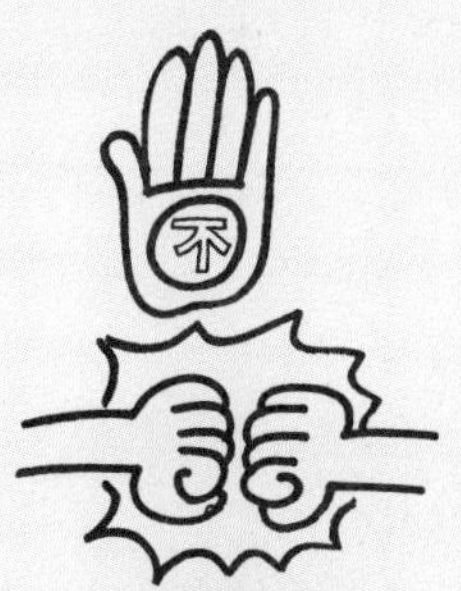

4 劫富濟貧的廖添丁，
他替窮人討公道

3A 二林的施九緞，他反對「以暴制暴」

1885年台灣巡撫劉銘傳，為展開清賦事業而重新丈量田地。
彰化縣令李嘉棠和他的手下卻清丈不公，引得民怨四起，施九緞居住的二林上堡浸水庄，民情尤洶，原本就愛打抱不平的施九緞遂被推為抗議的首領。

1888年9月，抗議民眾在施九緞的帶領下，很快地占領了八卦山。八卦山位在彰化城東，山上原本就築有砲台，憤怒的群衆鼓噪著要用大砲轟掉縣衙門，這時年逾60的施九緞開口說話了，他說：「如果開砲，只會玉石俱焚，這是以暴易暴。我們今天來是為民請命，只要縣太爺一句話，燒掉所有丈單，我們就立刻回鄉向父老告罪，又何必開砲殃及無辜呢！」

原本就不是要造反的群衆，被這番合情合理的話說服了，於是大家就送施九緞「公道大王」的外號。

人物小傳

彰化二林的公道大王——施九緞

生卒年不詳

施九緞居住在彰化縣二林上堡浸水庄，家中世代務農營生。另有一說他原籍是福建泉州府晉江縣，少年時候渡海來台，在鹿港以搬輸爲業。不管是務農還是經營運輸業，施九緞畢竟是個經營有術的行家，因而家境富裕。不過，有人說他個性戇憨，又說他篤信鬼神，常常「起乩」，拿起劍來砍得自己頭破血流。

1886（清光緒12）年，台灣巡撫劉銘傳奏請清丈。次年，台中、彰化地區13個堡開始實施辦理，最初是彰化知縣蔡麟祥帶領巡檢黃文澣、吳雲孫等人，從台中橋仔頭起丈，隨丈隨算，錯則改之，民無怨言。哪知蔡麟祥調任，換上了李嘉棠後，因爲上司催得很緊，竟然盡變舊章，派出去的丈量員，不計田地肥瘠，任意塡寫，草草了結，因此弄得民情洶洶，導致變亂。

據說起事當天，有幾百個人圍著施九緞，群眾將布撕裂作爲旗幟，上面寫著「官激民變」，而施九緞站在神轎的後面，有如「報賽」狀。所謂「報賽」，就是舉祭以答謝神明的意思，看情形可能就是「起乩」。平常在鄰里間就好管閒事、愛打抱不平的施九緞，就這樣被推拱出來，成了民

清代劉銘傳奏請清丈，但清丈不公，因而導致施九緞帶頭反官。

變的首領。

不過，這起變亂應該只是「抗官」性質，並非有意叛亂。彰化士紳吳德功就說這是「清丈激成變端」，暗示是官府人謀不臧。劉銘傳本人也表示，李嘉棠「詞訟多意爲斷結，未能悉得其平，輿情因而不洽」。劉巡撫又語帶同情地說：「施九緞、王煥平日均非匪人。」可見劉巡撫也暗示李嘉棠確有失職之處，無怪乎施九緞的抗議行動會獲得不少人支持。據說西門外6莊總理王煥還自動「出派點心餉眾」。

施九緞領導民變時，大約是個60歲的老人，奉命勦辦他的中路軍統領林朝棟則是他的舊識，所以一開始，林朝棟還曾與幕僚人員商量是否能以書信勸降。而且據說林朝棟事前曾聽夫人楊氏勸告，說施九緞的從眾都只是受到煽惑的無知之徒，還是少殺爲是。因此在最後勦蕩時，林朝棟確實對數萬從眾網開一面，任其逃逸而不悉數追擊。

在施九緞逃亡的期間，有不少百姓「以爲變起不平，甘心爲其掩匿」，因此讓他成功地逃過官府的追緝，最後不知所終。有人傳說他逃到了泉州，也有人說他根本哪裡都沒去，直到1890（光緒16）年才病死在浸水庄中。

發行人：王阿舍　發行所：遠流舊聞社

舊聞提要

1.台灣巡撫劉銘傳於1888年3月正式開印，閩、台分治。
2.因清丈土地不公、官員索賄，1888年8月爆發施九緞

大租小租擺不平 清賦事業招民怨

【本報訊】清丈土地是劉銘傳清田理賦事業中的一環。原本劉銘傳打算藉由清賦的過程，清查隱田，消滅大租戶，以達到增加稅收的目的。沒想到清賦之議一出，大租戶擔心大租權被廢而群起反對，民間也因為其目的在增稅而抱著消極抵抗的心理，加上官員失職與清丈技術錯誤，糾紛與意外頻傳，終於在1888（清光緒14）年爆發出施九緞的民變大案。

據歷史報記者實地了解，清賦事業分4個步驟，首先是成立清賦機構與編組保甲，這是準備工作；其次是確定土地計算單位，而後實際丈量田畝，編造魚鱗圖冊；接著按田地等則訂出稅率；最後發給丈單並確定土地的所有權。

在劉銘傳眼裡，大租戶多屬包墾包納、

1888年10月16日 穿越時空 獨漏舊聞

抗官事件。

3.劉銘傳派遣林朝棟率軍前往彰化縣，平定施九緞亂事。

4.劉銘傳於1888年10月奏請台灣鐵路改歸官辦。

讀報天氣：多雲轉晴

被遺忘指數：●●●●○

▲台灣首任巡撫劉銘傳。

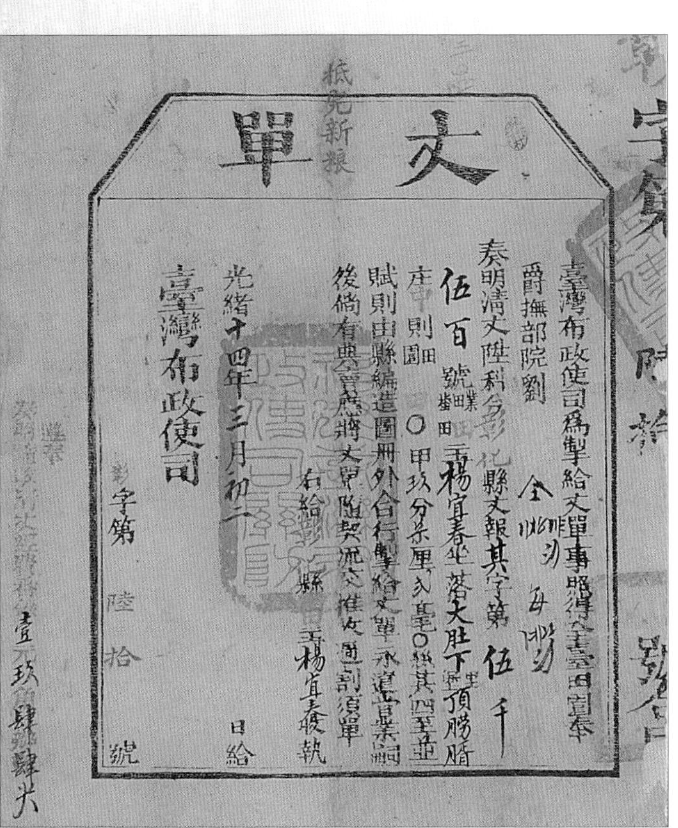

丈單

抵完新糧

臺灣布政使司為掣給丈單事照得全臺田園奉

爵撫部院劉

奏明清丈陞科今彰化縣丈報其字第伍千

伍百　號業田　楊宜春坐落大肚下堡頂勝

庄　則田園　○甲玖分柒厘叁毫○絲其四至並

賦則由縣編造圖冊外合行掣給丈單永遠管業嗣

後倘有典賣應將丈單隨契過交推收過割須單

右給　縣　楊宜春執

光緒十四年三月初二　日給

臺灣布政使司

彰字第　陸拾　號

▲1888年劉銘傳的清丈事業完成後，租戶領到的清丈單。

▲彰化南瑤宮據說是施九緞聚衆起事的發起地。

▲彰化東門外即為八卦山，山上設有砲台，施九緞民亂事件即占領東門外的此一重要據點。

詐欺剝削之輩，所以有意廢除大租。當時嘉義知縣羅建祥就曾說過，有些田地是小民未申請墾照，私自開墾的，因此讓奸刁之徒有可乘之機，潛赴官府請得執照，成為大租戶，巧奪小租戶之地。不過羅建祥也強調，有很多租權是經由買賣而來的，所以不應該不分青紅皂白一體廢除。尤其南部更有衆多大租戶是自行投資招佃從事開墾的，與北部奸民巧奪的情形迥然不同。

由此可見，廢除大租之舉所引起的反對聲浪有多大。劉銘傳最後以「減四留六」的辦法加以折衷，也就是大租戶依上一年額租作為10成，貼4成給小租戶納稅完糧，自己實收6成，但丈單與錢糧俱由小租戶經手。換句話說，就是藉由「減四留六」保留大租戶的權利，同時確立小租戶為土地的納稅人。然而減四留六在南部許多地區仍行不通，所以不但租稅方式另謀變通辦法，而且仍以大租戶領單承糧者居多。

不論如何，清丈藉以增稅的結果總是傷害大、小租戶的利益，何況清丈人員技術出差錯、且因過於隨便不嚴密造成不公，再加上清丈人員貪污勒索，致使謠言四起，民怨沸騰。施九緞一案就是這樣爆發開的。

整體而言，清賦後的稅收確實也比之前多了3倍以上，因此透過清賦來增稅而「以台地之財，供台地之用」的目標算是稍有成就。不過，施九緞案畢竟對清賦的成敗投下了很深的影響，以至於整個清賦工作最後仍舊草草收場。

▲彰化縣衙門（本圖為日治初期所拍攝）。

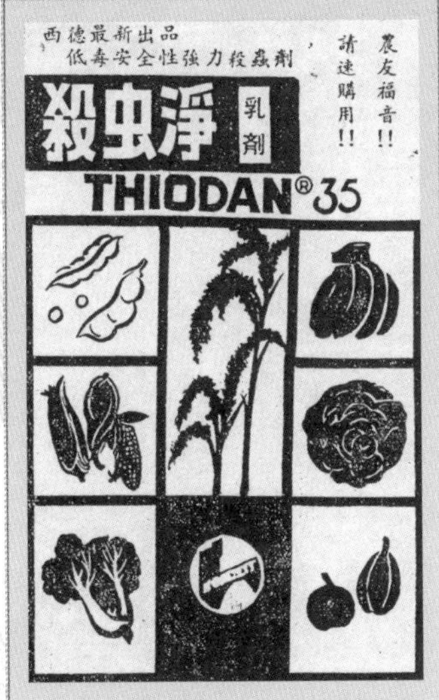

施九緞年表

生卒年不詳

1820
- 據說施九緞抵台，居住在彰化縣二林上堡浸水庄。

1886
- 台灣巡撫劉銘傳奏請清丈。
- 4月開始清賦工作。

1887
- 彰化地區13個堡開始辦理清丈，但因丈量不公，導致民情洶洶。
- 8月29日，施九緞被推擁爲首領，帶領民變。
- 9月22日林朝棟率兵平定民變，但未捕獲施九緞。

1890
- 施九緞據說病死在浸水庄中。

【延伸閱讀】

- 許雪姬，《滿大人最後的二十年》，自立晚報文化出版部，1993。
- 吳德功，《施戴兩案紀略》，台灣文獻叢刊第47種，台灣銀行經濟研究室編印，1959。

時機歹歹厝難賣，加減出租賺點錢！

三峽祖師廟除了供信眾拜拜之外，
日治初期還曾被民眾利用來做什麼？

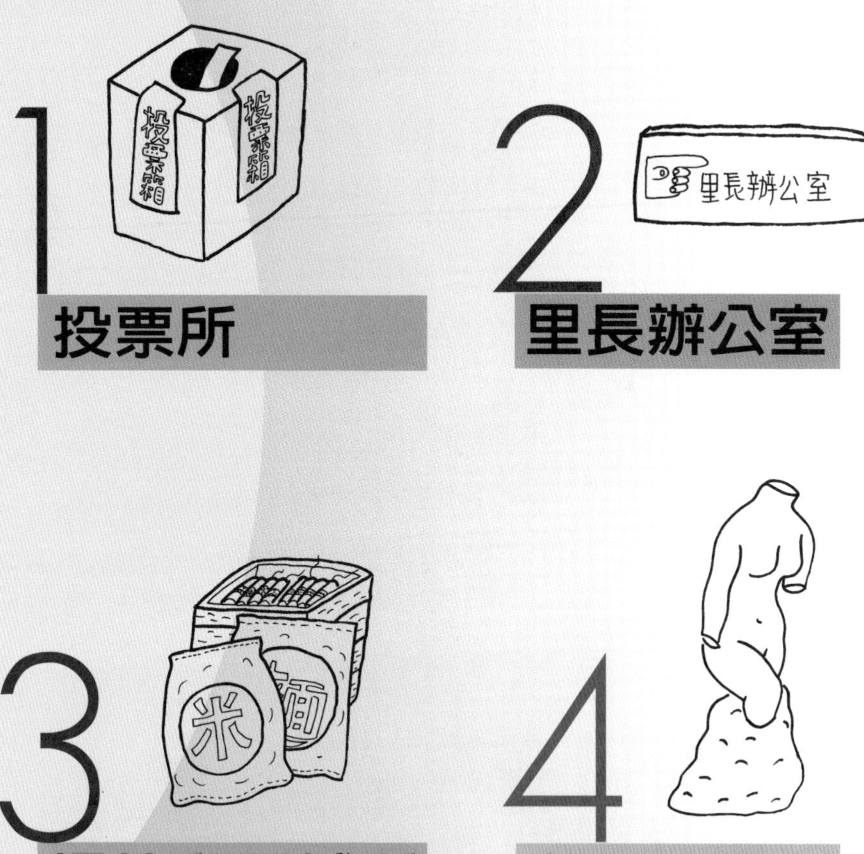

3 A 糧站和軍械所

蘇力肖像

蘇俊肖像

陳小埤肖像

1895年台灣割讓給日本、改朝換代之際，當然沒有選舉投票這回事。
當時，對抗日本人才是三峽民衆關心的大事，他們公推蘇力為首，組織「三角湧義民營」。
在那個年代，除了廟宇之外，幾乎沒什麼公共集會所，
所以三峽的清水祖師廟、媽祖廟等，就成了「三角湧義民營」的重要據點。
義民營把游擊大本營設在三角湧市街上的媽祖廟（今天三峽鎮民權老街上的興隆宮）；
鳶山頂因為居高臨下，易於掌控全局，所以設立作戰指揮所；
而最重要的糧食和武器儲藏地，則設在長福巖清水祖師廟。
他們還把祖師廟裡的紅色令旗拿來作為戰旗，另外，該廟原本用來防範土匪的9尊大砲，
也被用來對付日本軍隊。這或許是因為當時人相信令旗和大砲都可獲得清水祖師的加持與護佑吧。
然而祖師廟仍舊在戰火中遭到重創，後來經過總督府，以及二次大戰後畫家李梅樹的精心改建，
才彰顯出它的藝術價值。

人物小傳

三角湧的抗日三傑——蘇力、蘇俊、陳小埤

近年所攝的三峽地區全景。

蘇力生於1838年，原名「蘇媽力」或「蘇瑪力」，祖籍福建安溪，家裡原本世代務農。1886年，劉銘傳在三峽設撫墾分局，並設「三角湧腦局」，倡導地方商民煮製樟腦。蘇力因為投身這項產業，因而家財富饒。他爲人輕財仗義、又熱中公益、喜歡爲人排難解紛，因而受到當地民眾的敬重。

19世紀晚期的台灣社會，雖然民變、械鬥比以前少了，但治安其實還是不怎麼平靜，各地方仍有不少盜賊出沒。1873年，加拿大長老教會的馬偕牧師就曾形容三峽是北台灣最沒有法律保障的地區。後來，蘇力就號召地方頭人、家族親戚，成立「三角湧聯甲局」以維護地方治安。大家公推蘇力爲「正管帶」，當時被稱爲「局董」或「董辦」。

1895年清廷將台灣割讓給日本後，台灣民主國成立，蘇力爲響應台灣民主國總統唐景崧的號召，所以向民主國政府請領軍裝槍械，並以原來的「三角湧聯甲局」爲基礎，籌設了「三角湧義民營」，蘇力隨即被唐景崧委任爲義民營的統領。這是台灣被割讓以後，除了在竹苗地區新起的吳湯興勢力外，另一股在三峽（三角湧）地區迅速竄興的地方武力。

在這個組織中，跟蘇力齊名的還有副統領蘇俊及分統陳小埤，號稱三峽地區的「抗日三傑」。蘇俊是蘇力的侄子，據說風采俊秀，極富機智，素有「小諸葛」之

1895年時作為糧食和武器儲藏地的三峽清水祖師廟，雖然經過戰火重創，但經畫家李梅樹修復，現今有「東方藝術殿堂」的美稱。

1936年日本人在隆恩河南岸，設立隆恩埔戰績碑，圖為落成時的情景。

稱；因他幼時曾患小兒痲痺症，以致右腿瘦弱，行動微跛，所以又有「擺（台語『跛』）俊」之稱。由於蘇俊頗受蘇力倚重，出入相隨，當時人就把他們並稱爲「蘇力、擺俊」。陳小埤與蘇力同樣有親戚關係，陳小埤的母親是蘇力的堂姐，所以陳小埤稱蘇力爲「六舅」。

「三角湧義民營」就是在蘇力、蘇俊和陳小埤等三人的策劃主導下，成爲三峽抗日行動的大本營。1895年7月中旬，「三角湧義民營」在三峽隆恩埔附近，幾乎殲滅日軍櫻井茂夫的糧食運送隊，並將一整個日軍步兵大隊圍困在三峽、大溪交界處的分水崙，因而聲名大噪。不過，此一事件也促使日軍於7月下旬，在大漢溪流域展開報復性的焚村與屠殺。

蘇力、蘇俊與陳小埤當時幸運地避過日軍狂飆式的掃蕩行動，然而陳小埤仍在年底反攻台北城的行動中殉難。而蘇力與蘇俊則在1896年的冬天一起渡過台灣海峽，終老於廈門。

台灣

發行人：王阿舍　發行所：遠流舊聞社

舊聞提要

1.台灣官民於5月25日成立台灣民主國，並推原台灣巡撫唐景崧為總統。
2.日軍於6月7日進入台北城，台灣民主國總統唐景崧則早在6月4日

日軍運糧隊

【本報訊】1895年7月14日，日本政府在台灣開展民政已將近滿月了，不過，位於台北城的台灣總督府卻在這一天得知一項令人震驚的消息：由櫻井茂夫率領的一支運糧船隊，於13日清晨，在三角湧（三峽）隆恩埔附近遭到伏擊，35名隊員僅4名生還。據說這是日軍自登陸三貂角以來，單次戰役中死傷人數最多的一次。無獨有偶的，另一支由坊城俊章少佐率領的隊伍，也傳出在大姑陷河附近遭到圍困、陷入絕境的消息。

據歷史報記者的了解，這兩樁事件都是由蘇力領導的「三角湧義民營」所策動的。櫻井和坊城的人馬稍早在11日和12日傍晚，就已先後抵達三角湧街宿營。當時，居民一面與日軍親善，取得信任，一面飛報義民營，分兵部署。義民營在蘇力的指揮下，於分水崙設下袋形攻擊陣勢，又在隆恩河南北兩岸設下埋伏。

歷史報

1895年8月8日　穿越時空　獨漏舊聞

即已逃亡。

3.日本政府設「台灣總督府」為台灣最高權力機構，並於6月17日舉行「始政」典禮。

4.日軍運糧船隊於7月13日清晨遭三角湧義民營伏擊，隊員幾乎全軍覆沒。

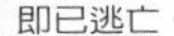

讀報天氣：晴時多雲偶陣雨

被遺忘指數：●●○

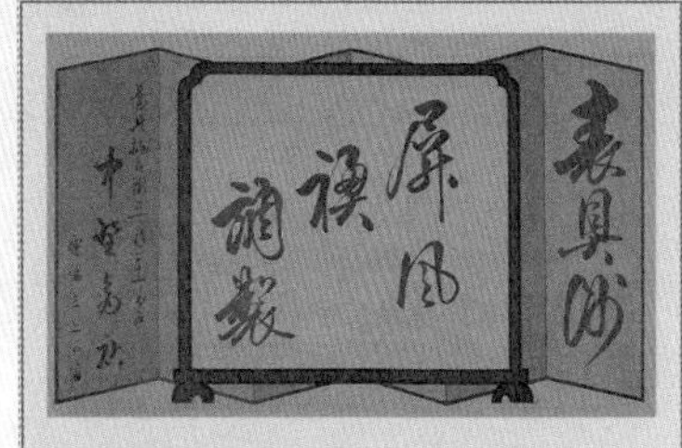

三峽隆恩埔遇伏慘敗

▲此圖取自《風俗畫報第98號台灣征討圖繪第一編》，原題為：「坊城支隊四信使薙髮、穿上漢服，潛入敵軍陣地之圖。」對一般人來說，這種大量插入圖畫的雜誌，在1895年寫真照片還不普遍的年代，比傳統純文字的報導更具逼真的感染力。

13日清晨，義民營就在隆恩埔和分水崙附近，分別對櫻井的船隊和坊城的人馬發動攻擊。坊城大隊陷入袋形陣地，數日不得脫困；後來坊城徵選4位士兵，剃髮換服，穿草鞋，扮成漢人模樣，企圖突圍求援。

4位信使分成2組，1組向旅團長山根信成本隊處報信，1組以橫田安治為首，向中壢兵站部求救。橫田這一組在本地嚮導羅金來的帶領下，於16日中午率先達成任務。

橫田現年23歲，舉止沉穩又不多話。羅金來是基隆本地人，也是23歲。他在基隆陷落時，被日軍雇用為挑水的水伕。據說他每次碰到本地人盤查時都說：「我們3個是天朝使者，不得無禮。」就安然過關了。

櫻井的運糧船隊就沒有這麼幸運了，13日當天，他們就已經在隆恩河附近被陳小埤突襲而幾乎全軍覆滅。這是日軍登陸台灣以來，死傷最慘重的一次戰役。總督府震驚之餘，決定於18日在三峽、大溪一帶展開「無差別掃蕩」，以大規模焚殺作為報復。

日人後來創作了「三角湧進行曲」，1923年在鳶山公園豎立表忠碑。1936年又完成隆恩埔紀念碑，種種措施都是為了紀念戰役中死傷的日軍。但是我們那群在無差別掃蕩下無辜犧牲的台灣民衆呢？他們似乎都成了無人聞問的孤魂野鬼！

本圖描繪的是日本運糧船隊在三峽附近遇襲的情況。取自《風俗畫報第98號台灣征討圖繪第一編》，原題為：「運送監護隊奮戰圖」。

橫田安治與羅金來。

櫻井茂夫。

隆恩埔古戰場，現為台北大學預定地，歷史遺跡早已不存。

位於三峽中山公園內，表忠碑的碑座被埋在石階下，當年犧牲的日本官兵姓名於碑座上仍然相當清晰。

蘇力年表

1838~？

1838

- 蘇力出生，祖籍福建安溪。

1886

- 劉銘傳在三峽設「三角湧腦局」，倡導煮製樟腦，蘇力投入這項產業，因而家財富饒。

1895年

- 4月17日，清國代表李鴻章與日本代表伊藤博文在日本春帆樓簽訂馬關條約，清國承認朝鮮獨立、割讓遼東半島、台灣、澎湖列島給日本。
- 5月25日，台灣民主國成立，蘇力籌設「三角湧義民營」，並被台灣民主國委任爲義民營的統領。
- 7月中旬，「三角湧義民營」的陳小埤在三峽隆恩埔附近，突襲櫻井茂夫糧食運送隊。
- 12月底，陳小埤於進攻台北城的行動中遇難。

1896

- 冬天，蘇力、蘇俊兩人遠走廈門，後來終老於該地。

【延伸閱讀】

➪ 王昇文、林炯任，《乙未年海山地區抗日誌》，台北縣立文化中心，1995。

➪ 吳德功，《讓台記》，台灣文獻叢刊第57種，台灣銀行經濟研究室編印，1959。

➪ 許佩賢譯，《攻台見聞—風俗畫報．台灣征討圖繪》，遠流，1985。

➪ 許佩賢譯，《攻台戰紀-日清戰史．台灣篇》，遠流，1985。

小馬哥，你嘛幫幫忙！

Q 抗日名將吳彭年，為什麼出戰前要臨時換馬騎？

1 那匹馬太笨了

2 那匹馬腿受過傷

3 那匹馬正在發情

4 那匹馬的毛色太白

4 A 那匹馬的毛色太白

吳彭年是和吳湯興是一齊在苗栗抗日的名將。1895年8月，日軍攻打到苗栗時，吳彭年原本打算騎著跟隨他多年的白馬去應戰，但軍中同儕卻認為騎白馬出戰不吉利，央求他換馬。於是他透過紳吳德功的關係，向霧峰的舉人林文欽（林獻堂父親）借來一匹紅馬。誰知這匹紅馬根本不肯動，吳彭年只好換回自己的白馬。

8月底，吳彭年和吳湯興雙雙戰死在彰化城外，而跟隨他多年的白馬也一同殉死沙場。當時的人認為，白馬是因為受主人豢養之恩，願意和主人同生死，而那匹紅馬未受吳彭年的豢養，牠的原主人不是賣牠而獲得價金，所以牠自然不願為一個無緣無故的人出生入死。後來這匹紅馬也在這一年的月死了，不過卻並非為主殉死，而是自己暴斃的。

人物小傳

領軍抗日的客家好漢——吳湯興

？~1895

吳湯興肖像。

吳湯興是苗栗客家人。當時在台灣的客家人，多半以耕讀傳家自許，吳湯興也是一樣，不但擁有生員（通稱「秀才」）的資格，而且習武，平常在鄉里中就以俠義聞名。

1895年台灣割讓給日本後，台灣民主國成立，吳湯興脫下儒服換武裝，募集健兒籌畫守禦。吳湯興與丘逢甲都是客家人，經丘逢甲舉薦，被唐景崧授與統領的職務，成爲丘逢甲的副將。

吳湯興受任統領後不久，基隆、台北相繼陷落日軍之手，丘逢甲、林朝棟陸續逃往中國大陸，兩人所統轄的部隊也面臨解散的命運。吳湯興趁機吸收丘、林兩人的舊部、兵隊，並進一步整合其他客家地方勢力，如北埔「金廣福」墾號的後人姜紹祖，以及頭份的生員徐驤等等。6月10日，吳湯興祭旗誓師，成爲「全台義民統領」。此後在桃竹苗，甚至彰化一帶與日軍周旋對抗的，主要便是這一支新興的地方武力。

吳湯興使用的「統領臺灣義民各軍關防」。

1895年6月中旬，日軍近衛師團南下到達中壢附近時，吳湯興即開始部署出兵。往後，其所屬的各路人馬便在平鎮、龍潭、大湖等地與日軍纏鬥，其中尤以14日到16日間的大湖口戰役成績最爲傲人，聲勢日增。

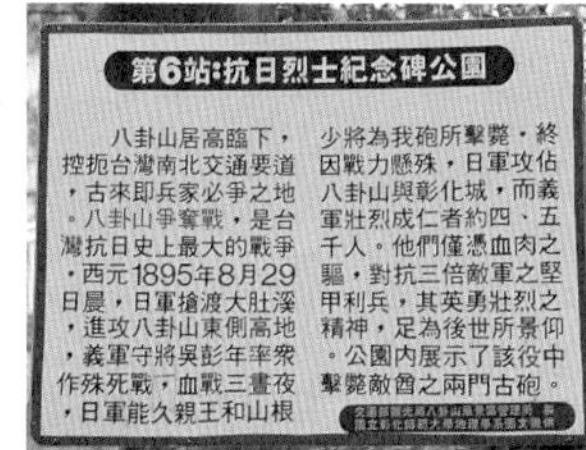

二次大戰後於八卦山上設立的抗日烈士紀念碑公園，園內設有史蹟的解說牌。

6月下旬，近衛師團朝新竹地區展開占領行動時，吳湯興是他們的最大勁敵。日軍向新竹推進，吳湯興率領義民沿途抵抗，互有殺傷。但吳湯興承認，民軍人數雖眾，卻缺乏系統化的組織與訓練，加上地方富豪多存觀望之心，不能全力支援糧餉，這些因素成了反抗軍的致命傷。新竹城也因此在6月22日拱手讓給了日本人。此後直到7月23日，吳湯興雖然仍有反攻行動，但成效不彰，幾乎確定只能退守苗栗了。

吳湯興駐守苗栗期間，兵勇每人月餉

二次大戰後，於八卦山挖出7百多具屍骨，研判應該是吳湯興率領死守八卦山的士兵遺骸。因此彰化縣政府將之合祀紀念。此為抗日烈士祭祀殿。

洋銀12元，因爲軍隊開銷大，所以向台灣知府黎景嵩要求以錢糧支出軍餉。雖然得到同意，但實際運作時，卻遭到苗栗知縣李烇杯葛。李烇認爲吳湯興藉機中飽私囊，所以向黎景嵩告發，吳湯興也揭發李的短處。黎景嵩難以決斷，遂求助於劉永福，劉永福擔心兩人的內鬥會影響戰事，於是派吳彭年前來調停，

吳彭年，字季籛，是浙江餘姚人。18歲就獲得生員資格，能詩善文，爲人豪氣爽邁。劉永福聽說他能力不錯，就在1895年春，將他從廣東延攬到台灣來，擔任記室（書記官），文書往來皆出其手。

台灣民主國瓦解、日軍占領台北以後，他也漸漸開始操持兵務。吳湯興與李烇互鬥的事發生後，他受命率領7百名七星黑旗兵前來苗栗，從此展開他在台灣戍守防務的軍旅生涯。

八卦山上的乙未年抗日烈士神位。

8月中，日軍越過尖筆山，攻占下苗栗。吳彭年與吳湯興等退守彰化。8月28日，日軍繼續南下，攻破了彰化城，吳彭年和吳湯興兩人也在這場戰役中雙雙捐軀殞命。

台灣

發行人：王阿舍　發行所：遠流舊聞社

舊聞提要

1.清廷代表李經方與日本樺山資紀於6月2日在基隆港橫濱丸上交接台灣。
2.台灣總督府於8月6日成立保

▲彰化城東門，又稱「樂耕門」。吳湯興、吳彭年於此門外戰死後，日軍由此進城掃蕩抗日軍。

▲1895年能久親王勘查敵情的大肚溪沿岸，大約今日的台中縣大肚鄉社腳一帶，但景物早已不同。（本圖為日治晚期所拍攝）

歷史報

1895年8月28日 穿越時空 獨漏舊聞

良局，命辜顯榮擔任局長。
3.日軍8月26日攻占台灣府。
4.全台義民統領吳湯興與黑旗軍將領吳彭年，8月28日雙雙戰死彰化城外。

讀報天氣：午後雷震雨
被遺忘指數：●●●○

八卦山大會戰
吳湯興、吳彭年戰死東門外

【本報訊】彰化城被日軍攻破了，黑旗軍敵前正統領吳彭年以及「全台義民統領」吳湯興，雙雙戰死在彰化城外；這一天是1895年8月28日，台灣不但失去了兩位重要的攻防將領，同時彰化八卦山—大肚溪南邊最重要的一道守護防線也失守了。這道防線一破，府城台南便面臨了緊迫的威脅。

在八卦山戰役中，日軍的致勝關鍵，主要是因為他們能越過大肚溪，並迅速突破八卦山防務，占領砲台、取得了制高點。事實上，八卦山的重要性眾所周知，因此嗜食鴉片的台灣知府黎景嵩，在獲知砲台失守的那一刻，連煙具都不收就落荒而逃了。日軍居高臨下，加上火力原本就較優越，使得吳湯興、李士炳、沈福山等人只好且戰且走地敗

▲八卦山古戰場全景，遠處山頂凹陷處為清軍砲台所在，圖中的雙層建築即為東門，亦是日軍攻陷八卦山後入城的地方。

▲彰化之役為日軍攻台戰中極富軍事意義的一場戰役，因此日本官方於大肚溪畔立碑紀念。

▲位於八卦山公園內的古砲，係由英國所鑄，由陸軍參謀大學轉贈。解說牌上雖說明是乙未年防守八卦山的大砲，但此說尚待查證。

退到東門附近，不久紛紛戰死。吳彭年當時在山下督戰，眼見山上砲台換了日軍旗幟，兵勇敗潰而下，當下勒馬回軍要衝上山再戰，無奈彈如雨下，他隨後也中彈身亡。

據瞭解，彰化攻防戰的失敗，跟防務上的幾個漏洞有關。開戰前幾天，官兵、義軍齊守在大肚溪南岸與對岸的日軍形成對峙。然而百密一疏，他們竟然忘了在河淺足以徒步涉水的地方布下重防，以致讓日軍能輕易渡河。此外，八卦山後山有幾條鮮為人知、可以通達山頂的小路，也未設防。結果日軍渡河後，用重金買通當地居民，刺探官兵虛實和山川道路，並買通土匪當嚮導，得以趁虛上山。更不幸的是，八卦山上配備的是四門老舊的山砲，砲座無法移動，不能對付由後方突然衝上來的日軍，以致陣腳大亂而迅速失守。

防務疏失、火力不如人、兵員訓練質素不佳等，固然都是失敗原因，但當地居民為什麼這麼容易就被日人買通，也相當耐人尋味。還有，幾位領導人不同心、不能共相始終，也是敗因。除了台灣知府黎景嵩逃之夭夭一例之外，吳湯興曾和苗栗知縣李烇因軍餉問題起衝突，最後雖有吳彭年查明真相。但是苗栗一失陷，李烇就由梧棲港倉惶逃往大陸。事隔不到一個月，吳彭年、吳湯興卻用生命為歷史寫下悲壯的篇章。

吳湯興死後，他的妻子黃賢妹立刻為他殉死。而吳彭年的屍首，在兵荒馬亂之際不知下落，後來是他的好友吳汝祥，偶然出城才無意中發現。此時日軍因面臨嚴重的瘴癘病，攻勢也有暫緩的跡象。據可靠消息指出，總督府正重擬南進作戰計畫，準備於10月再發動另一波攻勢。

▲近距離拍攝的古砲。

吳湯興年表

?~1895

- 出生年不詳。

1890

- 與同爲生員的邱國霖，倡建苗栗銅鑼灣街的關帝廟。

1895

- 5月25日台灣民主國成立。
- 6月，吳湯興成爲「全台義民統領」，是與日軍抗衡的主要民間武力。
- 6月中旬，日軍近衛師團南下到達中壢附近時，吳湯興統領的各路人馬在平鎮、龍潭、大湖等地與日軍纏鬥。
- 6月22日，日軍攻破新竹城。
- 8月13日，苗栗失守，北台灣盡入日軍手中。
- 8月28日，八卦山戰役，吳彭年、吳湯興奮力抵抗後於彰化城外殞命。

【延伸閱讀】

- 台灣省文獻委員會，《台灣先賢先烈專輯：吳彭年、徐驤合傳》，1998。
- 黃鼎松編著，《苗栗史蹟巡禮》，苗栗縣立文化中心出版，1990。

這位人客，你要高粱還是紹興？

Q 1896年6月12日深夜，有一個酒保遭到搶劫，這個搶案後來成為雲林「虐殺事件」的導火線。請問這個「酒保」是？

1 軍中雜貨販賣部

2 專門釀酒的人

3 酒店裡的調酒師

4 日軍出入的酒家

1 A 軍中雜貨販賣部

「酒保」在一般日語裡，其實是雜貨店的意思。然而1896年日軍在台灣設立的「酒保」卻有比較嚴格的含意。1895年8月，總督府改組成軍事官衙後不久，就從陸軍局下了一道命令，規定「酒保」專屬於軍隊或艦隊，其販賣的顧客對象亦僅限於這兩者，其餘的「酒保」皆予以廢止，也就是說，「酒保」變成專屬於軍隊的雜貨販賣部，和一般的雜貨店不同。

1896年6月12日深夜，雲林支廳警察署（約位於今斗六市舊縣府及警察局）對面的這間「酒保」遭到20幾名「匪徒」襲擊。他們持火炬強行闖入，一邊揮舞棍棒並開槍，一邊搶奪衣類、毛毯、時鐘等300餘件貨物。離去之際，還朝對面警察署開了數槍。這個搶案成了後來雲林「虐殺事件」的導火線。

人物小傳

雲林打貓東堡的大總理——簡義

?～1898

簡義，雲林崁腳庄人。他是1895年至1896年間，台灣中部武裝抗日最重要的領導人，也是1896年6月「雲林事件」的靈魂人物。

據說簡義家中數代都是務農，但也有一說他以製糖爲業，還有人說他「擁有家財7萬餘圓，或經營錢莊，或開設當舖，又在山中擁有一大片竹林，年年賣竹，坐收其利。」加上他爲人「剛毅而富機略，對待部下寬容而能容人心，勇敢而有擔當」，而且常常救濟急難，所以人望日增，被推爲打貓東堡（約位於今嘉義縣梅山鄉）的大總理，管轄40餘庄，擁有1千多名壯丁。1888年，他就曾以大總理的身分出面調解斗六堡內數庄之間水圳的用水糾紛，由此可見他在地方上的分量。

根據日人調查，他是「雲林地方之土豪，自舊清國時代始，即爲難制馭而有勢力的人」；又說他「爲人好客、交遊廣闊，但也因不擇所交而間有受累。」所謂「不擇所交而間有受累」，可能是指1882年簡義受莊芋民變案牽連而被官府通緝一事。

莊芋並非游手好閒的無賴，而是「饒有家資，平日爪牙甚眾，與文武衙門兵役聲息相通」的一股地方勢力。他因搶劫拒捕鬧成民變，使得私交甚篤的簡義也被牽連在內。不過官府對該案似乎不是很積極查緝。莊芋於1884年投身中路軍統領林朝棟的勇營，成爲哨官，後病歿於營，官府對該案也就不了了之。簡義可能是受莊芋投營的影響，所以也在1888年施九緞爲亂時，自募鄉勇請纓鎮守雲林，因此受清廷敘功。

1894年中日戰爭爆發，簡義在地方士紳的舉薦之下，獲得劉永福的垂青，受命

簡義領導雲林民眾抗日，曾一度將總督府轄下雲林支廳的官員及軍隊逐出雲林。

擔任斗六西部前營哨官。1895年，日軍登陸台灣，他在雲林知縣羅汝澤的邀請下，出面募勇，組織團練，捍衛鄉土。

1895年9月2日，日軍到達大莆林時，簡義曾殺豬宰羊相迎，但日軍要他獻上200名婦女，他不加理會，結果竟導致日軍強行搜掠婦女，而其家人被「姦辱尤酷」。於是他迅速加入「鐵國山」陣營，在雲林地區展開游擊抗日。在他的領導之下，鐵國山結合群眾之力，在1896年6月底發動最大規模的抗日行動，一度將總督府轄下雲林支廳的官員及軍隊驅出雲林，史稱「雲林事件」。

事件之後，總督府當局非常清楚，簡義「進退動作實關係地方人心動靜至鉅」，所以一邊對「虐殺之役」展開善後撫卹工作，一邊緊鑼密鼓地對簡義進行勸降。招降過程延續數月之久，當中還有辜顯榮居中斡旋。日方談判代表在見到他時的印象是「言語舉動溫和圓融」、「如溫厚之老翁，而其氣概能吞天地。」

他「溫厚篤實」的形象，頗得日人的信任，因此談判很快有了結果。1896年12月，簡義終於下山投降，並於1897年被總督府延攬爲庄長，同年4月受佩紳章，1898（明治31）年9月病卒，享年64 歲。

簡義投降後，鐵國山分裂爲四大派系，柯鐵成爲最有力的領導者，繼續和日本政府抗衡，直到1902年爲止。

▲日治初期雜誌所畫的土匪形象，一邊拿總督府的授產金，一邊向當地民眾索取土匪稅，相當生動表達當時人看法。

歷史報

1896年7月15日 穿越時空　獨漏舊聞

街，引發「雲林事件」。

4.《台灣總督府臨時法院條例》於7月11日公佈，得隨時在方便地點，成立臨時法院審判政治犯。

讀報天氣：多雲轉晴
被遺忘指數：●●●○

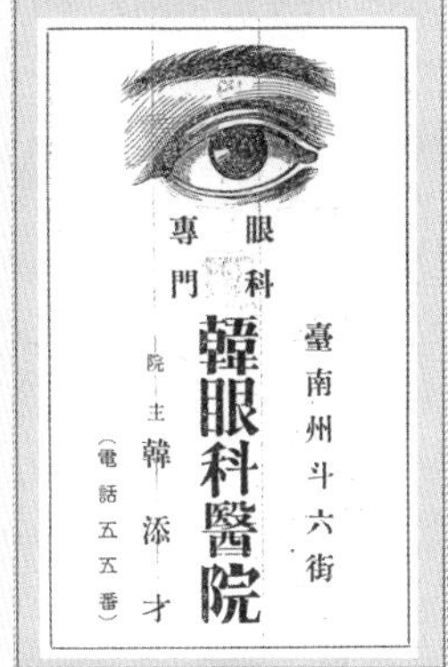

日軍不分良匪大掃蕩 雲林虐殺慘烈令人悲憤

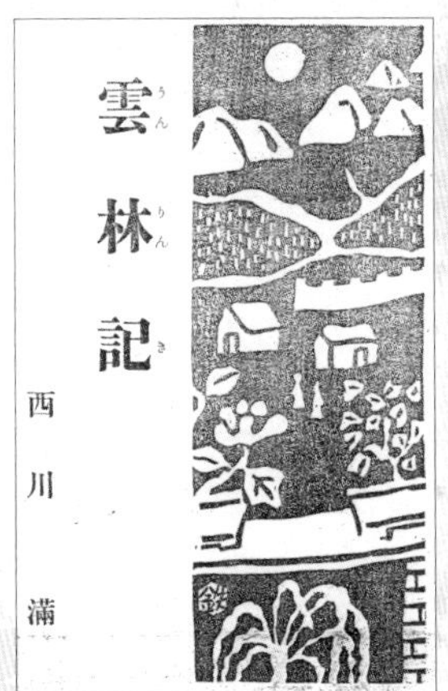

▲西川滿以雲林事件作為題材，融入他的小說<雲林記>中。他的這篇小說於1941年發表在《文藝台灣》。

【本報訊】1896年6月30日凌晨3、4點鐘左右，寧靜的斗六街突然喊聲震天；有3、4百位民衆攻進斗六街，讓雲林的日軍措手不及。不久，造反的群衆增加到8百多人，日軍人手不足而退至莿桐巷，並緊急向嘉義和台南求援。但抗日群衆愈來愈多，7月1日清晨5、6點已增至數千人。日軍被迫撤出雲林之前，雲林支廳長松村雄之進與守備隊少佐佐藤常政還起了一番爭執。佐藤撂下一句話：「如果因此身被刑律，我也別無選擇。」

這就是有名的「雲林支廳撤守事件」，雖然數天後，日軍便收回該地重掌政權，但這卻是日軍1895年10月宣佈鎮定台灣以來，執政的地方政府首度被迫撤出管轄地。

事實上，早在6月27日林圯埔就已經遭到攻擊。參與事件的群衆看起來像是一般工人，他們的武器都只是普通的竹槍刀棍而已，有些人還高舉「奉清國之命，打倒暴虐日本」的旗幟。而領導群衆的正是人稱「九千歲」、「簡老爺」的鐵國山首領簡義。

據了解，簡義可以動員這麼多的群衆，除了因為他原本就是極具聲望的地方土豪之外，最直接的導因是6月19日至22日，日軍在雲林地區展開的「土匪大掃蕩」，也就是

「虐殺」事件，引起民怨。

話說1896年6月12日深夜，雲林支廳警察署對面的「酒保」遭到匪徒搶劫，而日軍懷疑搶案是「鐵國山」的「匪徒」犯下的，於是派出1支偵查隊前往大坪頂偵察，沒想到，反遭到鐵國山反抗分子的埋伏襲擊，幾乎全軍覆沒。雲林支廳長震怒之下，決定對「匪徒」展開大討伐。由於日軍根本無法分辨真正的土匪與良民，因此只要稍有可疑或反抗，即當成土匪處置。這種不分良民土匪的「無差別掃蕩」手段，在雲林地區造成一場震撼島內外的殘酷大焚殺，有55個村莊、5千多戶人家罹難。受禍之慘，連1位日本隨軍人員都覺得當地已「變成慘絕人寰的地獄」、「殘煙死灰未滅，滿眸極其鼻酸」。日軍後來都自稱這是「虐殺之役」。

「虐殺之役」動了公忿，直接激起人們的敵愾之心，因此簡義一發起「日軍虐殺無辜生靈，義不忍坐視」、「日軍焚棄良民房屋，此怨恨不可不報」的號召，立刻受到廣大群衆的回應，打響了「雲林事件」。

▲昭和初的斗六郡役所，現位於斗六公園內。它在日治初期是提供給官員們住宿的斗六廳舍。

▲日治時期斗六街景（今斗六市太平老街）。畫面左上角的高聳建築完成於1922年，是當時最輝煌的地標，可惜現已拆除。順著道路前行約300公尺，即可到達舊雲林支廳。西川滿曾多次讚賞這棟文藝復興後期風格的建築，他在<雲林記>中感慨說：很難想像它座落之處，曾是1896年「土匪」騷擾最烈的地方。

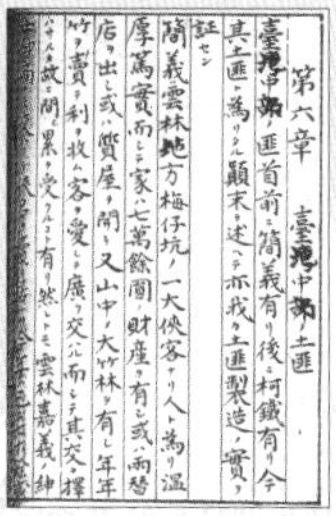

第六章　臺灣中部ノ土匪
臺灣中部ノ匪首前ニ簡義有リ後ニ柯鐵有リ今
其土匪ト為リタル顛末ヲ述ヘテ亦我ガ土匪製造ノ實ヲ
証セン
簡義雲林地方梅仔坑ノ一大俠客ナリ人ト為リ温
厚篤實而シテ家ハ七萬餘圓ノ財産ヲ有シ或ハ兩替
店ヲ出シ或ハ質屋ヲ開キ又山中ノ大竹林ヲ有シ年年
竹ヲ賣リ利ヲ收ム客ヲ愛シテ廣ク交ル而シテ其交ヲ擇
ハザル故ニ間累ヲ受クルコト有リ然レトモ雲林嘉義ノ紳

▲記錄有簡義資料的文獻紀錄。

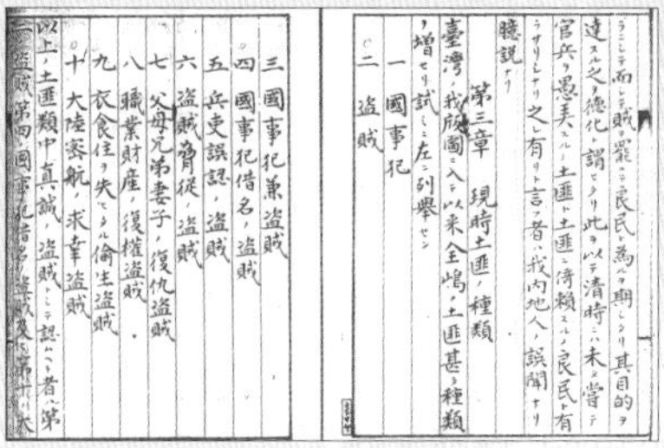

ラニシテ而シテ賊ヲ罷メテ良民ト為ルヲ期シタリ其目的ヲ
達スル之ヲ德化ト謂ヒタリ此ヲ以テ清時ニハ未ダ嘗テ
官兵ヲ愚弄スル土匪ト土匪ニ倚頼スル良民ト有
ラザリシナリ之レ有リト言フ者ハ我内地人ノ誤聞
聽説ナリ
第三章　現時土匪ノ種類
臺灣ノ我版圖ニ入テ以来全嶋ノ土匪甚ダ種類
ヲ増セリ試ミニ左ニ列擧セン
一　國事犯
二　盜賊
三　國事犯兼盜賊
四　國事犯借名ノ盜賊
五　兵吏誤認ノ盜賊
六　盜賊脅從ノ盜賊
七　父母兄弟妻子ノ復仇盜賊
八　職業財産ノ復權盜賊
九　衣食住ヲ失フタル偷生盜賊
十　大陸寄航ノ求食盜賊
以上ノ土匪類中真誠ノ盜賊トシテ認ムベキ者ハ第

▲日治初期將土匪分類的文獻資料。

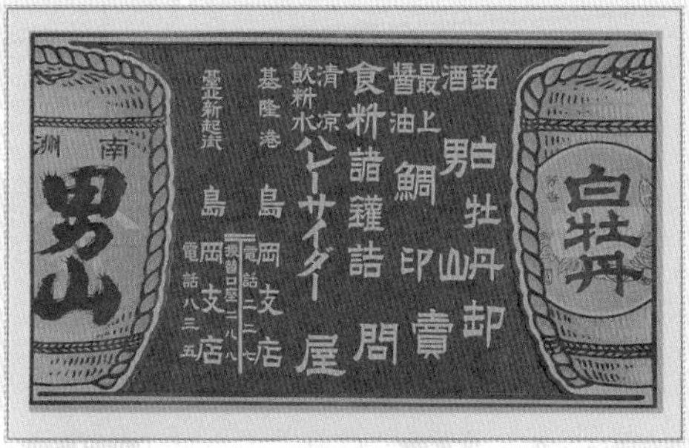

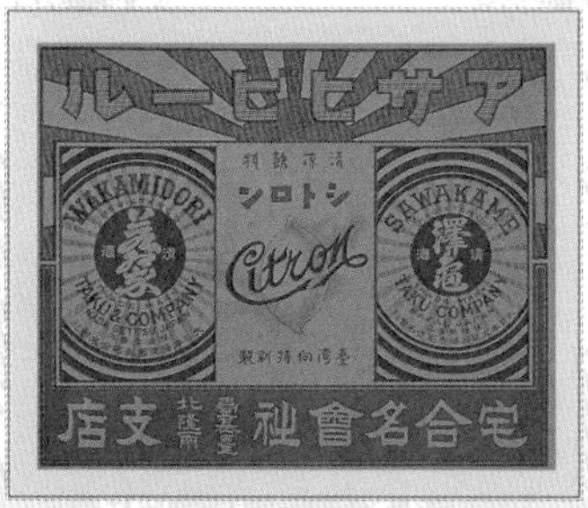

簡義年表

？~1898

- 出生年不詳

1882
- 簡義受莊芋民變案的牽連，而被官府通緝。

1888
- 施九緞爲亂時，簡義自募鄉勇，清廷因而敘其功牌六級。
- 以大總理身分，出面調解斗六堡內數庄水圳的用水糾紛。

1894
- 甲午事變，簡義獲劉永福垂青，受命擔任斗六西部前營哨官。

1895
- 日軍登陸台灣，簡義出面募勇，組織團練，捍衛鄉土。
- 9月2日日軍到達大莆林時，簡義殺豬宰羊相迎。

1896
- 不滿家人與鄉里婦女被日軍姦辱，加入「鐵國山」的游擊抗日行動。
- 6月30日領導大規模抗日行動的「雲林事件」，一度將日本地方政權驅出雲林。
- 10月末，在日軍數度勸降後，簡義離開鐵國山投降。

1897
- 被總督府延攬爲庄長，4月受佩紳章。

1898
- 9月病卒，享年64歲。

【延伸閱讀】

➪ 淺井惠風編著，《雲林騷匪物語》，國鐵時報社虎尾支局，1932。
➪ 洪棄生，《瀛海偕亡錄》，台灣文獻叢刊第59種，台灣銀行經濟研究室編印，1959。
➪ 鄭天凱，《攻台圖錄-台灣史上最大一場戰爭》，遠流，1995。
➪ 林黎，《瀛洲斬鯨錄》，稻田，1992。

雲林鐵虎掛保證，給你收視飛上天。

Q 1898年，台灣總督府向鐵國山的頭目柯鐵招降時，雙方為了「一九稅」而談判破裂，請問這是什麼樣的稅？

1 **消防稅**，因為柯鐵要求把鐵國山改成森林消防組織

2 **自治區所得稅**，

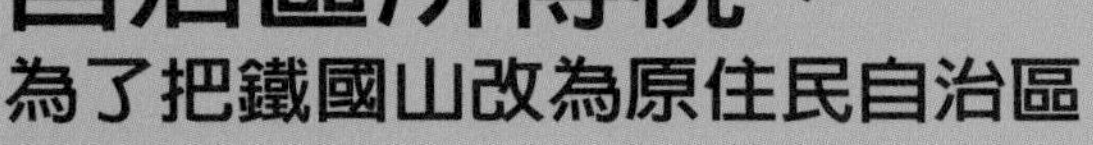

為了把鐵國山改為原住民自治區

3 **娛樂營業稅**，為了改鐵國山為遊樂區

4 **保護稅**，地方角頭向人民徵收的保護費

4A 保護稅，地方角頭向人民徵收的保護費

鐵國山徵收一九稅的原由，有很多種說法。不過歸結起來，不外是地方良民為了換取角頭老大的保護，所繳納的一種費用，其實就類似於今天地方角頭或流氓老大向良民抽收的保護費。

「一九稅」這個名目是由清代台灣土地租稅關係的名目演變而來。清代台灣的佃戶向地主承租土地耕種，必須繳納地租。「一九」是地租抽收的比例，一般而言，將土地收穫分成10等分，9成歸佃戶所有，地主則抽1成作為地租，所以又稱「一九抽」。不過比例由雙方協定，不一定是一九，有時是二八，也有可能是四六，但不管比例如何變化，大家還是慣稱為「一九稅」或「一九抽」。鐵國山的一九稅，其實是傳統一九抽的變相產物。

人物小傳

行走如飛的抗日鐵虎——柯鐵

約1874～1899

柯鐵，出生於打貓東頂堡鐵國山大坪頂庄（今雲林縣古坑鄉）。台灣割讓給日本之際，柯鐵才20出頭，幫造紙廠削竹浸池，工作勤奮。當時他因爲娶妻不久，不愛惹事生非，卻受到朋友嘲笑，後來爲了避開日軍，和朋友躲進山裡。在偶然機會下，他獲得一批游擊兵所棄置的槍械，因而開始在山裡和日軍打起游擊戰來了。

據說每有戰事，柯鐵必一馬當先，而且槍法高明，在山間能以一人獨驅5百餘敵人，這或許和他原本就喜歡打獵有關。柯鐵因爲自幼生長在當地山林之間，徑道極熟，而且身手矯捷，在林木間行走如飛。在山裡打游擊時，常見屍體懸掛荊棘間，有的甚至腐爛了；他不但行動快，也不畏腐屍，同輩大爲佩服，於是送他「鐵虎」的外號。他的外號雖然粗獷，但長相一點也不粗野，據當地居民傳說，他生得眉目俊秀，身材魁偉，頗具俠義之風。

由於柯鐵和大坪頂有直接地緣關係，又因爲名字當中有個「鐵」字，所以有人認爲「鐵國山」的命名可能也和他有關，但這種說法無法確切獲得證實。1895到1896年間，簡義與鐵國山叱吒風雲之時，柯鐵還未冒出頭。

不管如何，柯鐵畢竟是個領導人才，所以1896年簡義一歸順總督府，柯鐵就被黃貓選等人推爲鐵國山主人，與張呂赤、賴福來、黃才等並稱四大「匪首」。從此以後，台灣中路的柯鐵虎，與台北的簡大獅、南部的林少貓，鼎足而三，各建旗幟

能於山林之間行走如飛，柯鐵因此被封了個「鐵虎」的外號。

抗日，稱爲「三猛」。

據日方調查，柯鐵的父親叫柯錢，弟弟叫柯合，有妻妾3名。日本憲兵隊甚至認定，柯鐵父祖累代皆爲匪魁。然而雲林地方的士紳吳克明告訴日本官員說，柯鐵的父親只不過是個殷實的農夫。

日本憲兵之所以有這種印象，可能是因爲柯鐵當家後，開始對附近村落徵收「一九稅」；同時也對往來行旅抽頭，以擔計錢，但相約不劫奪，有被掠者則歸還。在當時土匪橫肆的年代裡，鐵國山勢力，確實能起安靖地方的作用。但在其他更偏遠地區，卻有匪徒冒用鐵國山之名，行勒索搶掠之實，因此鐵國山也一再發檄文警告、阻止。但看在日本政府眼裡，鐵國山的做法就像今天地方角頭抽收保護費一般，行徑與「土匪」無異，對公權力也是一種斲傷。

總督府一面以武力勦蕩鐵國山，但另一方面也在地方士紳吳克明、鄭芳春的斡旋下，自1898年開始，透過鐵國山領導人之一的張大猷，勸誘柯鐵投誠。當時柯鐵的父親和妻子都在日軍手裡，成爲招降過程中的人質和談判籌碼。1899年3月，柯鐵終於和台灣總督府囑託的白井新太郎會見後同意歸順。然而柯鐵答應歸順後，尙未出山寨就病死了，據說是因爲吸食鴉片過量致死，享年不到25歲。

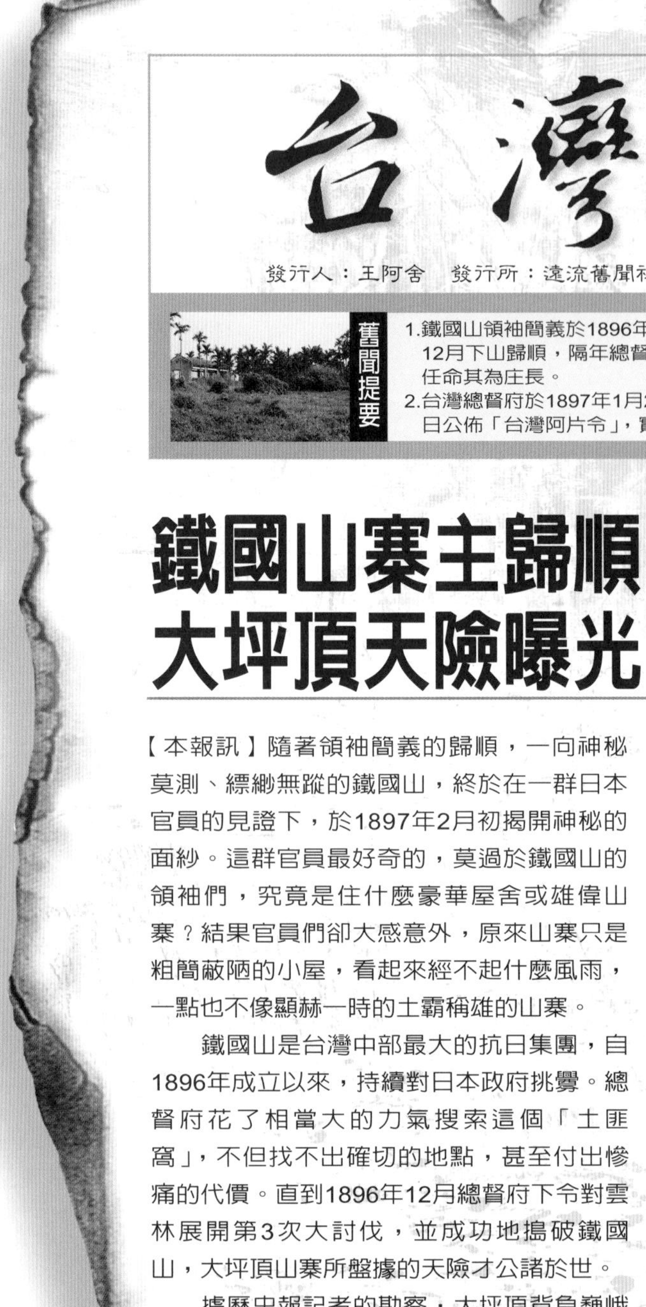

台灣

發行人：王阿舍　發行所：遠流舊聞社

舊聞提要

1.鐵國山領袖簡義於1896年12月下山歸順，隔年總督府任命其為庄長。

2.台灣總督府於1897年1月21日公佈「台灣阿片令」，實

鐵國山寨主歸順 大坪頂天險曝光

【本報訊】隨著領袖簡義的歸順，一向神秘莫測、縹緲無蹤的鐵國山，終於在一群日本官員的見證下，於1897年2月初揭開神秘的面紗。這群官員最好奇的，莫過於鐵國山的領袖們，究竟是住什麼豪華屋舍或雄偉山寨？結果官員們卻大感意外，原來山寨只是粗簡蔽陋的小屋，看起來經不起什麼風雨，一點也不像顯赫一時的土霸稱雄的山寨。

鐵國山是台灣中部最大的抗日集團，自1896年成立以來，持續對日本政府挑釁。總督府花了相當大的力氣搜索這個「土匪窩」，不但找不出確切的地點，甚至付出慘痛的代價。直到1896年12月總督府下令對雲林展開第3次大討伐，並成功地搗破鐵國山，大坪頂山寨所盤據的天險才公諸於世。

據歷史報記者的勘察，大坪頂背負巍峨

歷史報

1897年2月20日　穿越時空　獨漏舊聞

施鴉片專賣。

3. 台灣北部於2月12日發生30年來最大規模的強烈地震，震央位於宜蘭。
4. 深堀安一郎上尉率領的橫貫中央山脈探險隊，於2月14日失蹤。

讀報天氣：多雲轉晴

被遺忘指數：●●●○

▲這是抗日領導人林添丁位於嘉義山區的住家。林添丁與柯鐵是同時期的人物，1899年前後活躍於嘉義地區。他和柯鐵一樣，在1899年3月歸順總督府。由此一照片，可以大致窺見雲嘉地區抗日領導人的山居風貌。

的大尖山，斷巖絕壁，是一個峭然突兀的獨立高台，西北面丘陵起伏，呈馬鬃狀，僅有一縷獸徑連接頂隅，東南方靠鄺亭仔尾的險要，左右途徑成為雲梯，極難攀爬。登臨頂上，雲林一帶的平野盡收眼底。

清乾隆時代，大坪頂一帶曾為林爽文藏身之所，據說因為山中地勢太過詭奇隱蔽，福康安是靠著居民的協助下，才順利地擒獲林爽文，因此改名為「大順嶺」，附近還有一條沈葆楨開山撫番時代，由總兵吳光亮所開鑿通往後山八通關的山路。據說鐵國山成立之時，一向在台東活動抗日的劉德杓，就是藉由此一山路前來共襄盛舉的。

日本憲兵隊表示，鐵國山在1896年的6月14日舉行成立大會(其實這個說法不太可靠，可能早在4月間就已成立)。當天各路人馬齊聚，六十四庄大總理簡義最孚人望，被推為首魁；接著殺三牲，祭拜天地，稱天運

抽一九稅ノ實相

抽一九稅ノ稱呼往時ヨリ之レナキニアラズ小租戶大租戶ニ納稅シ大租戶小租戶ヨリ受租スル間ニ用ヒタル稱呼ニシテ要スルニ十ガ一ヲ抽徵スルノ意味ニ外ナラズ尤モ大租戶小租戶間ニ於ケル租稅受納ノ約定ハ大小租戶互相間ニ於ケル最初ノ約定ニ基ヅクモノナレバ九一アリ八二アリ或ハ六四アリ必ラシモ同一ニアラズ又一定ノ律例ナルモノアルニ非ズ然リト雖モ其謂ユル抽一九稅ナル稱呼ハ大小租戶租稅受納ノ間ニ生ジタル通語ナルコト復疑フベカラズ

明治三十一年五六月ノ候ニ至リ土匪到ル處ニ跋扈シ郷里ノ良民ヲ刼奪スルノ日ニ當リ匪魁ノ連衡佮ナル柯

▲日治時期有關一九稅的文獻紀錄。

元年，右邊豎起向上帝祈求大捷的禱旗，左邊列起奉清征倭的旗幟，商議將日軍牽制於台灣中部的策略。

如今鐵國山雖然一時失去根據地，但游擊勢力並未真正瓦解，簡義投降後被推為鐵國山主人的柯鐵，與其他共稱為4大「匪首」的「土匪」只是另起爐灶而已。總督府要徹底殲滅這個組織，恐怕還得花上好大一番功夫。

▲雲林古坑鄉鐵國山上柯鐵抗日古戰場，今日建有涼亭，供登山客休憩，但已無法覓得當年遺跡。

▲雲林古坑鄉景水，為前往鐵國山入口之一，從此處看到的山坡是「二坪頂」，鐵國山位於後方，稱為「大坪頂」。

柯鐵年表
約1874～1899

1874左右
- 柯鐵生於打貓東頂堡大坪頂庄。父親叫柯錢，弟柯合。

1895
- 20歲，幫造紙廠削竹浸池，工作勤奮。
- 獲得一批游擊兵棄置的槍械，開始在山裡和日軍打游擊。

1896
- 10月，台灣中部地方重要抗日領袖簡義歸順總督府。
- 柯鐵被黃貓選等人推爲鐵國山主人。開始對附近村落徵收「一九稅」。
- 總督府一面以武力勦蕩鐵國山，一面對柯鐵招降。

1898
- 柯鐵的父親和妻子都在日軍手裡，成爲招降柯鐵的人質和談判籌碼。

1899
- 3月，台灣總督府囑託白井新太郎與柯鐵相會於桶頭庄。
- 柯鐵歸順後，尚未出山寨就病歿，享年不到25歲。

【延伸閱讀】

- 洪棄生，《瀛海偕亡錄》，台灣文獻叢刊第59種，台灣銀行經濟研究室編印，1959。
- 鄭天凱，《攻台圖錄-台灣史上最大一場戰爭》，遠流，1995。
- 林黎，《瀛洲斬鯨錄》，稻田，1992。

欺善怕惡大豬頭，打你個滿天星！

Q 「抗日三猛」之一的簡大獅，有一回看見洋人欺負華人，你猜他後來做了什麼？

1 拍手叫好，要求打另一邊耳光來看

2 路見不平，賞洋人一記耳光

3 你打我也打，賞觀衆一記耳光

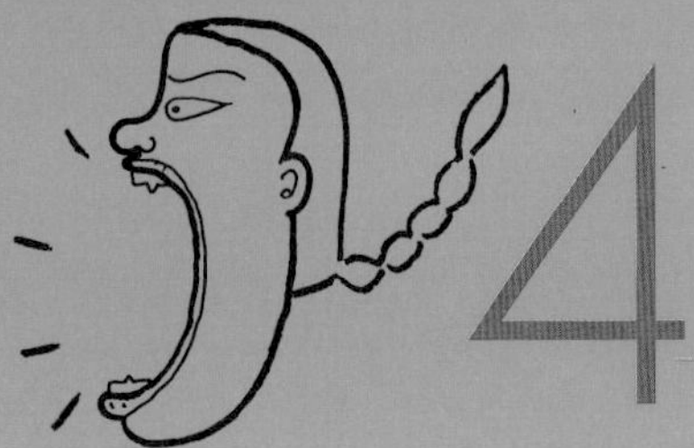

4 表演獅子吼給洋人看

3A 你打我也打，賞觀眾一記耳光

事情的經過是這樣子的：簡大獅在廈門街頭看到一個外國人欺侮一位華人，另一位在場的華人不但袖手旁觀，而且頗有看好戲的神態，簡大獅路見不平氣不過，認為這是民族之恥，走過去就賞了那個旁觀者一巴掌，並且罵道：「看到同胞受辱，不引以為辱也就算了，反而還笑得出來，這真是無恥到了極點。」

簡大獅在台灣號稱「抗日三猛」之一，神出鬼沒於宜蘭、台北的山間，與日軍游擊戰周旋不計其數，可想而知他生起氣來的慓悍模樣。別說被賞耳光的華人不敢還手，連那個洋人也嚇得趕緊溜了。

人物小傳

被「祖國」拋棄的悲劇人物——簡大獅

?~1900

簡大獅，宜蘭城內北門街人，後來移居到頭圍堡（今宜蘭頭城）。他出身於一個貧困的佃農家庭，父親幫人耕作，生活僅僅足以糊口而已。簡大獅生性慓悍，體力極佳，後來便投入軍旅，以天生的本錢另謀營生。

1895（明治28）年3月，國勢已近黃昏的大清，竟將台灣割讓給日本。消息傳到台灣，人心沸騰；5月台灣民主國成立，各地響應。對軍人來說，這正是嶄露頭角的好時機，因此簡大獅在此時加入林火旺的陣營。當日軍在三貂角登陸後，簡大獅率領兵勇與日軍展開游擊戰，但不敵日軍優勢火力，所以一度流竄到石碇街八連港一帶，落魄之餘，還曾挑石炭打零工為生。

1895年 5月29日，日軍開始在澳底登陸。圖為登陸時人馬雜沓的情景。

簡大獅肖像。

1896（明治29）年12月，簡大獅東山再起。隔年，更積極吸收各方游離分子，壯大聲勢，最後脫離林火旺陣營，自立門戶。

據說簡大獅個性猜疑成性，對待部下頗苛刻嚴峻，但又因為機敏且富籠絡才能，所以還頗能服眾，進而在北台灣稱霸一方。據日本人調查，當時簡大獅有部卒至少300人，實力不容小覷；而簡大獅也和同時期的盧阿野、林火旺等人互通聲氣，相互奧援。

1897年開始，總督府在民政長官後藤新平的擘畫下，對於反抗分子採取軟硬兼施——招降與勦蕩並進的策略。北台灣幾位重要的反抗頭目，在這個策略下，死的死、降的降；勢單力孤的簡大獅在1898年9月，和劉簡全、林清秀等聯名寫了一封〈哀求書〉給民政長官後藤新平，請執政當局放他一馬。這封信雖然言辭懇切，但並沒有投降的誠意，虛以委蛇的成分居多，所以也沒有具體的結果。總督府當局仍不放棄逮捕簡大獅，簡大獅則繼續流竄，最後在大屯山脈中的草山（今天的陽明山）中躲藏起來。

1898年12月，日本的軍警憲兵，在大屯山脈圍捕簡大獅，但未成功。簡大獅在夜裡脫困後，乘著戎克船，逃到了廈門。

1900年，日本政府獲悉簡大獅和他的部下賴阿乾出現在福建漳州，打算將他引渡回台，清政府竟然也應允了。結果，簡大獅於3月11日在廈門街頭被清廷官員逮捕，賴阿乾則逃逸無蹤。3月22日，簡大獅被台北地方法院宣判死刑，隨即於29日執行死刑，死時還不到40歲。

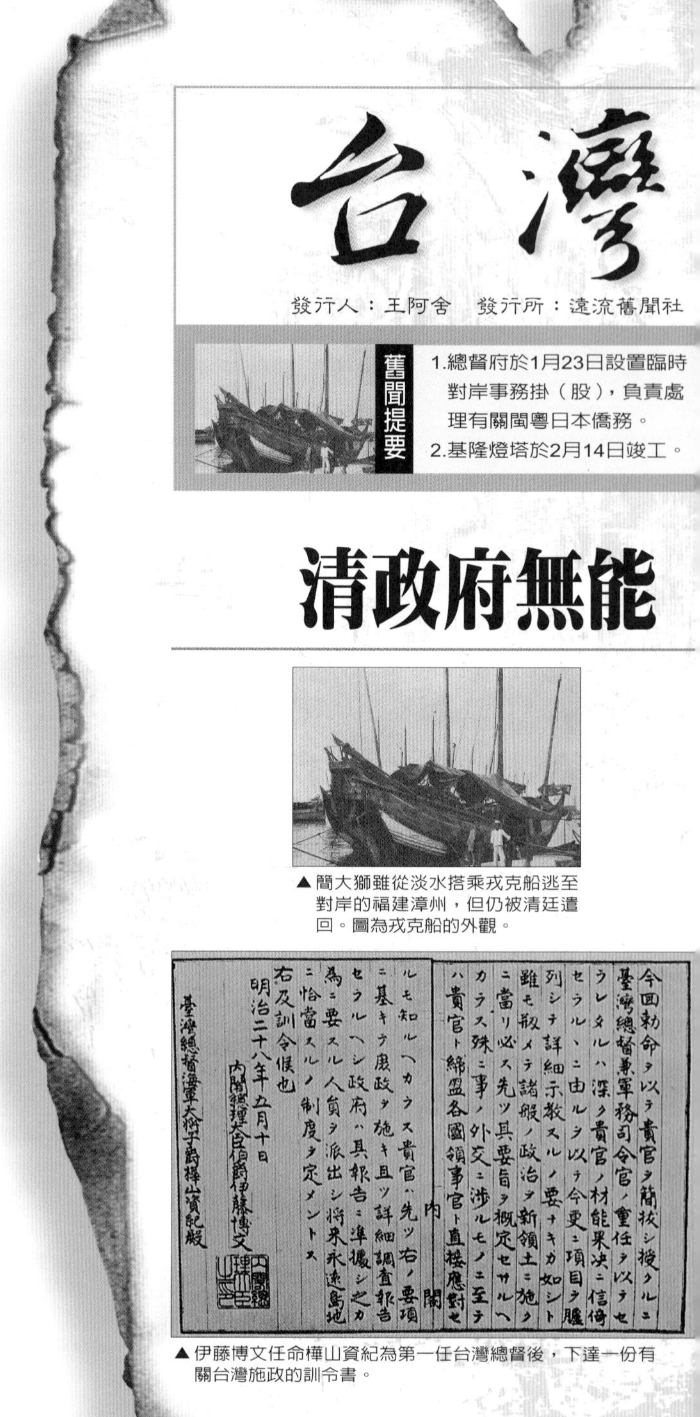

台灣

發行人：王阿舍　發行所：遠流舊聞社

舊聞提要

1.總督府於1月23日設置臨時對岸事務掛（股），負責處理有關閩粵日本僑務。
2.基隆燈塔於2月14日竣工。

清政府無能

▲簡大獅雖從淡水搭乘戎克船逃至對岸的福建漳州，但仍被清廷遣回。圖為戎克船的外觀。

今回勅命ヲ以テ貴官ヲ簡抜シ授クルニ
臺灣總督兼軍務司令官ノ重任ヲ以テセ
ラレタルハ深ク貴官ノ材能果決ニ信倚
セラル、ニ由ルヲ以テ今更ニ項目ヲ臚
列シテ詳細示教スルノ要ナキカ如シト
雖モ叛メテ諸般ノ政治ヲ新領土ニ施ク
ニ當リ必ス先ツ其要旨ヲ概定セサルヘ
カラス殊ニ事ノ外交ニ渉ルモノニ至テ
ハ貴官ト締盟各國領事官ト直接應對セ
内閣
ルモ知ルヘカラス貴官ハ先ツ右ノ要項
ニ基キテ庶政ヲ施キ且ツ詳細調査報告
セラルヘシ政府ハ其報告ニ準據シ之カ
為ニ要スル人員ヲ派出シ将来永遠島地
ニ恰當スルノ制度ヲ定メントス
右及訓令候也
明治二十八年五月十日
内閣總理大臣伯爵伊藤博文
臺灣總督海軍大将子爵樺山資紀殿

▲伊藤博文任命樺山資紀為第一任台灣總督後，下達一份有關台灣施政的訓令書。

歷史報

1900年3月30日　穿越時空　獨漏舊聞

3.台北、台中兩縣於2月20日設置隘勇，以警備原住民之兇行。

4.逃往中國漳州的簡大獅，3月11日被捕，遣送回台。

讀報天氣：陰有雨

被遺忘指數：●●○

抗日領袖遣送回台

【本報訊】3月22日抗日分子簡大獅被台北地方法院宣判死刑，29日即執行死刑。消息傳出後，對台灣的抗日分子以及關心台灣的中國人造成不小震撼。一位關心台灣時事的中國人，甚至寫了一篇文章憤恨地指出：「此中國最有志氣之人，恨廈門廳之交與日人而致其慘死，以辱其氣也！」

3月11日簡大獅在廈門，被台北艋舺辦務署的巡查，會同清政府的廈門官兵聯合逮捕。清廷官員為他錄了一段口供：

我簡大獅，係台灣清國之民。皇上不得已以台地割畀日人，日人無禮，屢次至某家尋釁，且姦淫妻女；我妻死之，我妹死之，我嫂與母死之，一家十餘口僅存子姪數人，又被殺死。因念此仇不共戴天，曾聚眾萬餘以與日人爲難。然仇者皆係日人，並未毒及清人，故日人雖目我爲土匪，而清人則應目我爲義民。況自台灣歸日，大小官員內渡一

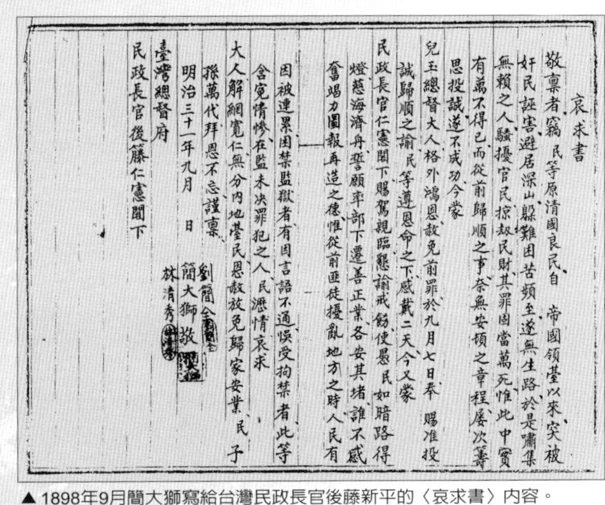

哀求書

敬禀者竊 民等原清國良民、自 帝國領臺以來、突被
奸民誣害、避居深山、艱難困苦頻至、遂無生路、於是嘯集
無賴之人、騷擾官民、掠刼民財、其罪固當萬死、惟此中實
有萬不得已、而從前歸順之事、奈無安頓之章程、屢次籌
思投誠、遂不成功、今蒙
兒玉總督大人格外鴻恩、赦免前罪、於九月七日奉 賜准投
誠歸順之諭、民等遵恩命之下、感戴二天、今又蒙
民政長官仁憲閣下賜駕親臨、懇諭戒飭、使愚民如暗路得
燈、慈海濟舟、誓願率部下遷善正業、各安其堵、誰不感
奮竭力圖報、再造之德、惟從前匪徒擾亂地方之時、人民有
因被連累困禁監獄者、有因言語不通、誤受拘禁者、此等
含冤情慘、在監未決罪犯之人、民瀝情哀求
大人解網寬仁、無分內地臺民、恩赦放免、歸家安業、民子
孫萬代拜恩不忘、謹禀
明治三十一年九月　日
劉簡全
簡大獅　敬
林清秀
臺灣總督府
民政長官後藤仁憲閣下

▲1898年9月簡大獅寫給台灣民政長官後藤新平的〈哀求書〉內容。

空，無一人敢出首創義；唯我一介小民，猶能聚眾萬餘，血戰百次，自謂無負於清。去年大勢既敗，逃竄至漳，猶是歸化清朝，願爲子民。漳州道、府既爲清朝官員，理應保護清朝百姓。然今事已至此，空言無補！惟望開恩，將予杖斃，生爲大清之民、死作大清之鬼，猶感大德！千萬勿交日人，死亦不能瞑目。

簡大獅的境遇與充滿民族情義的說辭，並未打動清廷官吏，仍然決定將他引渡回台灣。難怪當時的輿論指責「夫華官，最無志氣者也，彼只保其功名富貴！」。

簡大獅是在1898年12月底，化名作「簡青」逃亡到廈門的。他之所以逃亡，是為了躲避日本人追捕。在此之前，他一直是台灣北部最重要的抗日領袖之一，與中部的柯鐵虎、南部的林少貓合稱「抗日三猛」，對日軍構成極大的困擾，因此總督府想方設法要消滅他們。

總督府雖採取恩威並施、圍勦與招降同步的政策，試圖招降抗日分子。在多位抗日領袖投降後，簡大獅也於8月23日提出「哀求書」，準備接受招降。總督府在士林的芝山巖把招降會場準備好，等著他出現，想不到他卻稱病未到。往後更躲在草山中繼續騷擾，總督府終於決定徹底的圍捕他。

從同年12月11日展開掃蕩，日軍組成的北山討伐隊，將草山團團圍住；13日以後，包圍線甚至從士林擴大到基隆，而以媽鍊港口附近為中心。儘管如此，簡大獅仍舊成功地從淡水乘戎克船，逃到廈門。

▲日軍搜索反抗分子的情景。

▲日軍進犯台北城，於近郊竹林中射擊攻擊。

簡大獅年表

？~1900

- 出生年不詳。

1895
- 3月台灣割日。
- 5月台灣民主國成立，簡大獅加入林火旺陣營，與日軍展開游擊戰。但失敗後流落至石碇街。

1896
- 12月東山再起，成爲林火旺手下重要的猛將。

1897
- 簡大獅自立門戶，稱霸北台灣。

1898
- 9月寫〈哀求書〉給民政長官後藤新平。
- 12月，日本軍警圍捕簡大獅，脫困後乘著戎克船，逃到廈門。

1900
- 日本政府要求清廷逮捕引渡簡大獅，清廷應允。
- 3月11日，簡大獅在廈門被捕，隨即引渡回台。
- 3月22日，簡大獅被台北地方法院宣判死刑。
- 3月29日執行死刑。

【延伸閱讀】

➪ 台灣省文獻委員會，《台灣先賢先烈專輯：郭懷一傳、陳永華、吳沙、藍大衛、居正、簡大獅合傳》，1978。

Q U E S
T I O N
我以名偵探的名譽發誓，
阿貓案子一定破！
Q U E S
T I O N

Q 南台灣的抗日名人林少貓，就像羅賓漢一般神出鬼沒，跟亞森羅蘋同樣千變萬化，不過下面哪種身分是他不曾扮演過的？

1 拿放大鏡的名偵探

2 穿軍裝的阿兵哥

3 神祕的土匪頭子

4 賣米的歐吉桑

1 A 拿放大鏡的名偵探

林少貓雖然跟亞森羅蘋同樣機智多變，不過，他倒不曾模仿過福爾摩斯。他是平民出身且不識字，所以並未留下完整的生平資料。目前只知道他原本是阿緱（屏東）地區的米商，也是日本人治台初期南台灣勢力最大的土匪頭子，但他的多重身分直到1897年5月8日才暴露。當時林少貓率眾襲擊阿緱的憲兵屯駐所，卻因他的近侍戰死，讓日本人獲得「阿緱街金長美信記」、「林義成」和「管帶福營中軍左營關防」等3顆印信、關防。之後，日本人展開調查，才揭開林少貓的各種身分。

人物小傳

後壁林的抗日豪強——林少貓

1865~1902

歸順時的林少貓留影。

林少貓，或稱林小貓，別號義成，是鳳山阿緱（今屏東）人。他曾經是南澳鎮總兵劉永福的部下「管帶福營中軍左營」。林少貓自幼好武，世居阿緱，經營一家叫做金長美的米店。在台灣割讓給日本後，盤據在鳳山嶺號召抗日。

1896年9月21日，林少貓聯合鄭吉生等人大舉攻擊阿緱憲兵屯駐所，但因身分暴露，被迫離開阿緱。這之後，日方才警覺到林少貓抗日集團的威脅。

1898年12月27日林少貓再度率領部下攻擊阿緱憲兵屯駐所。隔天附近客家與福佬村莊推舉客家人林天福擔任總指揮，並匯集林少貓的勢力，攻擊潮州辦務署，而恆春的原住民也群起相應。日人急急調來各地軍警助戰，抗日軍血戰3日後才退，這次的事件被日人稱爲「潮州事件」。

高雄壽山忠烈祠，於二次戰後供有林少貓。

位於高雄壽山南麓的高雄市忠烈祠。

等到兒玉源太郎接任第四任台灣總督後，改採招撫政策。他發動中南部的士紳、富豪，以「割地講和」爲條件，勸誘抗日軍「歸順」。此時日人據台已到了第5年，大勢早定。而抗日軍經過日軍屢次的「大討伐」後也元氣大傷，僅能侷促深山，不但無法接受外援繼續抗日，甚至還有四處擾民的行徑。

在這樣的情勢下，迫不得已的林少貓只好與台灣總督府虛與委蛇，提出若干苛刻的條件：包括要求將鳳山溪州庄後壁林（今高雄小港）一帶歸林少貓自治、墾荒地免稅、官吏不得進出林少貓駐地、林少貓部屬外出謀生得攜帶武器、林少貓駐地若有土匪逃犯，由林少貓捕繫送官、日本官

被日警發現已死亡的林少貓遺體。

方賠償林少貓的財產損失，以及下淡水溪通行舟筏由林少貓徵稅等等條件。

經過磋商，總督府除了認為由抗日軍徵收船稅斷然不可，並將賠償金改為救恤金之外，其他諸多條件都答應了。至此，林少貓才和日方談和，歸順後定居在鳳山溪州庄後壁林，成了一方之雄。

然而，隨著斗六一帶「土匪」處分執行完畢，總督府決定要殲滅林少貓。日方計畫，先由警察誘殺他，不成功的話，再以埋伏的軍隊一舉將其殲滅。當日本憲警開始頻繁打探抗日軍的情況時，林少貓已探知日軍進駐附近。1902年5月30日上午警務課長約林少貓見面，雙方詰辯時，林少貓接獲日軍大隊即將掩至的消息，急忙率部眾退回後壁林。日軍在刺殺計畫失敗後，先以大砲猛轟林少貓所住的後壁林，再發動攻擊。在敵眾我寡的情形下，林少貓的抗日軍傷亡慘重，最後只有部分突圍逃出。隔天，日軍在溪州庄後壁林外發現殉難的林少貓屍體，為其頑強的一生劃下句點。

發行人：王阿舍　發行所：遠流舊聞社

舊聞提要

1.總督府討伐抗日集團，終於5月30日成功捕殺林少貓。
2.日本軍警於7月8日討伐南庄原住民。

▲1902年5月24日斗六廳舉行的歸順式，其實是誘殺反抗分子的陷阱，當時雲林重要的反抗成員，幾乎被一網打盡。在此同時，總督府也積極布署對南部林少貓的圍殺行動。

歷史報

1902年8月23日 穿越時空 獨漏舊聞

3.台灣醫學會於8月2日成立。
4.在屠殺400名民衆，並成功弭平林少貓的同黨林天福後，8月23日大島久滿次正式宣佈確立日本在台灣的統治權。

讀報天氣：多雲轉晴
被遺忘指數：●○

抗日烈士或是土匪？林少貓身分死後有爭議

【本報訊】繼民政長官後藤新平宣佈5月30日為全島正式恢復治安的紀念日，負責全島治安的警察本署長大島久滿次也宣佈徹底弭平抗日分子。自5月30日林少貓集團被消滅殆盡後，持續數月的鳳山廳、阿緱廳大搜捕行動，終告一段落。

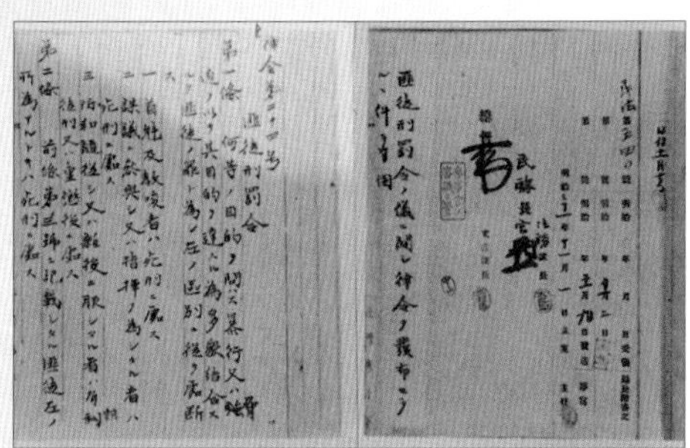

▲1898年發佈的匪徒刑罰令，是為了懲處反抗日本統治的「匪徒」所制訂的。

被稱為日本領台初期抗日三猛之一，也是南台灣的大土匪頭、最後抗日勢力的林少貓，在長期盤據鳳山廳、阿緱廳一帶後，終於

▲台灣第四任總督兒玉源太郎。

▲主導招降政策的民政長官後藤新平。

被日本軍警撲殺。在他死後，雖然很多人都說他是抗日分子，但林少貓割據地附近鄉里的耆老，卻指稱他是危害鄉里的土匪。

據本報長期觀察認為，林少貓是不是土匪這件事，以台灣複雜的歷史環境看來，很難斷定。因為衝突多半因利害關係起，而誣告對方是「土匪」，藉以援引公權力介入，是常被使用的手法。所以「土匪」這個詞，其實多半是以個人主觀判斷的。

就林少貓的抗日行動來看，導火線應該是從日人領台後一連串的錯誤政策和經濟剝削開始的。由於林少貓獲得當地人民支持，所以日本官方文獻不得不喟嘆當地人競相藏匿林少貓，致使日人屢次搜捕不到。直到1898年，兒玉源太郎、後藤新平分別接任總督與民政長官後，改採「招降政策」，情勢才有了改變。

起先，林少貓警覺性很高，他不相信打狗首富陳中和的保證，但後來在他岳父，也是大地主楊寔的保證下，才終於在1899年5月12日接受招安，並逼使日人接受他的要求，確保自已的統治勢力範圍。此後，林少貓致力經營農商，先後開墾水田百餘甲，並創建砂糖、釀酒廠等，經營手法之高並不輸給在北部的歸順者陳秋菊，或迎日軍進城的辜顯榮，因此日人不得不讚嘆他「治產貨殖之才為諸匪所不及」。

歸順後的林少貓盡量籠絡日本官吏以圖自保。然而總督府的誘降策略根本是個用來消滅抗日者的大陰謀。因此，歸順後沒多久，日人就違背劃界自治的承諾，在1902年5月30日，全面誘殺林少貓。

持平而論，林少貓雖目不識丁卻有膽識、有機略，可說是台灣鄉土抗日的豪強。他一面籠絡日人，同時高度警覺日人舉止，但仍被殲滅。這樣的結果，也可說他是殖民地統治下的犧牲品。

林少貓年表

1865~1902

1865

●生於鳳山縣阿緱。

18??

●曾隸劉永福麾下，管帶福營中軍左營。

1896

●9月21日，聯合鄭吉生等大舉攻擊阿緱憲兵屯駐所，暴露身分，被迫離開阿緱。

1897

●收容鄭吉生舊部。

1898

●12月27日，林少貓率部下攻阿緱憲兵屯駐所。

●12月28日，匯集約300人攻擊潮州辦務署，日人稱之爲「潮州事件」。

1899

●5月12日林少貓與日政府談和，於阿猴街舉行歸順典禮，歸順後定居於鳳山溪州庄後壁林，成了一方之雄。

1902

●5月30日上午，日人警務課長誘殺林少貓，失敗後發動全面攻擊林所居住的後壁林，林少貓不敵死亡。

【延伸閱讀】

➪ 莊永明，《台灣第一》，時報出版，1995。

➪ 楊碧川，《日據時代台灣人反抗史》，稻鄉出版，1988。

親愛的同胞，等我打扮一下吧。

Q 1897年北台灣的抗日名將陳秋菊，為了強調自己不凡的身分，據說每次上戰場上都怎麼打扮？

1

頭綁超人內褲，
衝鋒陷陣

騎赤兔馬，
舞弄關刀

3

開蒸汽火車，
衝進台北城

4

穿官服騎白馬，
指揮部隊作戰

4A 穿官服騎白馬，指揮部隊作戰

陳秋菊曾於中法戰爭前夕受命招募義勇500名，駐守基隆，防範法軍進犯。翌年，因軍功獲清廷授與四品武官。隨後他又成為地方總理，負責保甲事務。台灣割讓給日本後，陳秋菊率領部眾入山，在北部各地活動，伺機襲擊日軍。當1897年5月8日台灣居民面臨國籍選擇的最後時刻，北部的抗日軍再度聯合發難，希望收復台北城，這是台北方面最後的一次攻擊。當天，抗日軍到達大稻埕，卻始終無法順利攻進台北城。激戰終日，終因軍糧不繼，只得再度退兵。在這次攻防戰中，負責指揮的陳秋菊雖被日軍擊退，但他騎白馬指揮軍隊的颯爽英姿倍受矚目。

人物小傳

深坑來的白馬將軍——陳秋菊

?~1922

陳秋菊，台北文山堡烏月庄人。祖先於清乾隆年間舉家從福建泉州渡海來台，在今台北深坑附近的溪谷開墾茶園。陳秋菊繼承父業，不但經營出色，而且因其個性豪邁、處事果敢，早在年輕時就漸露頭角，成為一方豪強。

1884年中法戰爭前夕，陳秋菊奉清廷之命招募義勇500名，加以教練備防。戰事爆發後，法軍進犯基隆，他率領部下堅守險要之處對抗來襲的敵人，經過2日的激戰後，最後擊退敵軍。次年，因戰功獲授四品軍功頂戴賞雙花藍翎。

1894年時，清廷與日本爆發了甲午戰爭，陳秋菊奉命率領義勇布防。待割台之事議定，陳秋菊起初對日軍採取協助態度，並參與了保良局的工作，日方也任命他處理地方事務。保良局的設立，原先是為了保護台灣良民的身家性命，但設立後，仍難阻遏日軍種種殺燒劫掠的種種劣行，因此台灣民眾激起一股反日狂潮。就在這樣的背景下，陳秋

陳秋菊肖像。

北部深坑一帶的抗日領導人陳秋菊，據說領導部眾攻打台北城時是騎白馬指揮，因此也被稱為「白馬將軍」

菊就加入了林李成、胡嘉猷等北部抗日領導人奪回台北城的行動。

1896年，北部各地的抗日部隊計畫伺機奪回台北城。不料在發難前一天突然有抗日軍襲擊日軍，日軍因而加強戒備，使得預定圍城的抗日部隊無法順利集結。最後，這次包圍台北城的行動，就在準備不足、缺乏組織的情況下，鎩羽而歸。

首次奪回台北城的行動失敗後，陳秋菊率領部眾潛伏在台北近郊山區，但隨著1897年5月8日逼近，台灣居民面臨必須選擇日本國籍或離台返清，民心日趨騷動，潛伏在山區的抗日軍又再度活躍起來。

在此狀況下，北部抗日軍再度聯合，企圖收復台北城。5月8日抗日軍的先鋒部隊從大稻埕開打，卻遲遲無法攻進只有一牆之隔的台北城，反而與日軍爭奪郊外據點。激戰終日，最後因軍糧不繼，再度退兵。此次抗日行動雖被日軍擊退，但在攻防戰中，陳秋菊騎白馬指揮的颯爽英姿倍受矚目。

等到日人控制全台，各路抗日軍相繼瓦解星散，陳秋菊知大局已定，答應接受招撫。受降後的陳秋菊，在文山堡（深坑一帶），從事樟腦製造事業，而且還協助總督府，以警力鎮壓附近的山賊和無賴，成爲日本政府所籠絡的士紳，被頒授「紳章」。

▲1896年元旦台北城戰役，守在城牆上的日本自衛隊。

▲1896年2月起，日軍開始進行全島性戶口調查，主要是要收繳民間武器，察看反對勢力。

1899年5月15日 穿越時空 獨漏舊聞

紛紛歸順，包括台北的陳秋菊、大埔的黃國鎮、大坪頂的柯鐵、賴福來，以及阿緱的林少貓。

4.台灣總督府在4月26日發佈食鹽規則，5月15日實施食鹽專賣制度。

讀報天氣：陰雨

被遺忘指數：●●○

總督府巧設招降騙局 抗日軍紛紛歸降

▲答應總督府招降後，陳秋菊從事樟腦業。圖為工人將刨好的樟木片裝入麻袋，由腳伕扛到腦寮準備蒸餾。

【本報訊】1899年5月12日台灣南部抗日首領林少貓在阿緱街出席歸順儀式，這是繼1月30日台北的陳秋菊、3月17日大埔黃國鎮、3月23日大坪頂的柯鐵、賴福來之後，總督府又成功地招撫了一股台灣抗日民軍。

以文山地區為勢力範圍的陳秋菊，在答應總督府招降後，從事樟腦煉製事業，轉變成總督府倚重的地方士紳。但據歷史報記者調查得知，受降後能夠像陳秋菊一樣善終的抗日分子，寥寥可數，絕大多數民軍領袖都下場悽慘。

這些抗日集團在清領時期都有私人武裝，他們割據地方、徵收私稅；名義上他們接受清朝管轄，但實際上根本目無官府和法治，幾乎成為私人政府。因此，當日軍剛進入台灣時，這些民軍原本打算排除日方的統治，後來發現打不過了，只得轉而接受日方的招降。但他們並非真心要接受日本的統治，而是期望能和清領時期一樣，維持其在地方的自治割據勢力。日方明知雙方對「投降」這觀念有很大的差異，卻仍積極推行招降政策，甚至給與投降者很多優厚條件，因為日方同樣也是另有打算。

中國向來有「成者為王、敗者為寇」的

觀念。創霸業必須先確立政權，再動用武力取得絕對支配權。在武力掃蕩的過程裡，弱者接受強者招撫後，往往還可在新政權內繼續生存，所以招撫觀念在中國相當普遍。但是總督府民政長官後藤新平所謂的「招降策略」卻是一種鎮亂的暫時措施，他答應給予的條件根本是表面、暫時而已。事實上總督府不可能縱容這些特權存在。

再就抗日軍內部的生態來看，他們在歸順後雖然重新形成集團，但在少了日軍這個共同的敵人以後，彼此間的衝突便暴露出來。為了私利，抗日軍內部開始互相廝殺；而總督府所給予的授產金，更在分配不均的情況下引發集團間的惡鬥。連續的私鬥，自然造成抗日軍勢力的衰落。

為保護自身的利益而奮勇殺敵——這種性格，正是台灣民眾可以在缺乏組織的情況下仍堅持抗日的關鍵原因；但也正是這種性格，讓這些抗日集團在接受招降後，逐漸變成與盜匪無異的地方武裝特權階級。居心叵測的「招降政策」，造就出淪為盜匪的抗日軍，這是19世紀末台灣人抗日的一個悲劇現象。

▲第一任總督入主台灣後，即將原布政使司衙門當成總督府使用，到1919年新總督府完成前，許多治台重要決策都在這裡決定。

▲同為抗日領袖的林火旺歸順總督府時舉行的典禮。招撫是總督府採用的手法，有效分化抗日勢力。

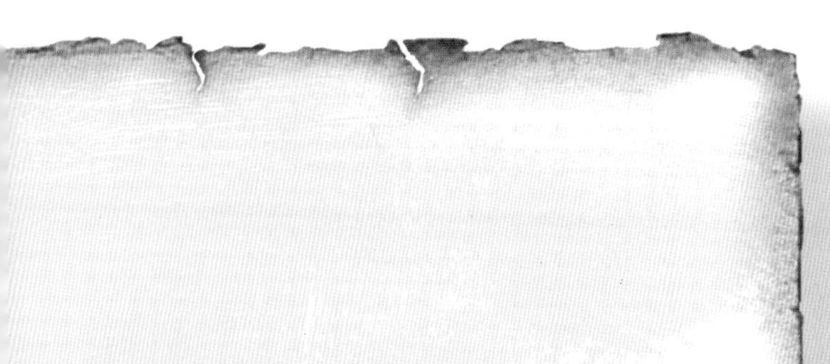

陳秋菊年表

?~1922

- 出生年不詳

1884
- 中法戰爭期間，陳秋菊奉命招募義勇擊退敵軍。

1885
- 因中法戰爭軍功，陳秋菊被授予四品軍功頂戴賞雙花藍翎。

1894
- 於甲午戰爭率領義勇布防。

1895
- 日軍抵台初期陳秋菊對日軍採取協助態度，之後因不滿日軍行徑開始反日。

1896
- 與胡嘉猷、林李成等人於1月1日突襲台北，但行動失敗，率領部眾入山，在北部各地活動。

1897
- 5月8日與抗日軍大舉攻擊台北城，詹振等200人陣亡，最後因軍糧不繼，再度退兵。

1899
- 1月30日接受招撫歸順。

1907
- 5月獲頒紳章。

1922
- 8月過世。

【延伸閱讀】

➪ 李文良，《中心與周緣——台北盆地東南緣淺山地區的社會經濟變遷》，台北縣立文化中心出版，1999。

今晚來去化妝舞會，我最ㄅㄧㄤˋ

Q 中國辛亥革命成功後，參加過黃花崗之役的羅福星返台發展華僑組織。為了躲避日本警察的耳目，據說他的同夥曾喬裝成哪種身分？

1 賣高麗參的中國藥商

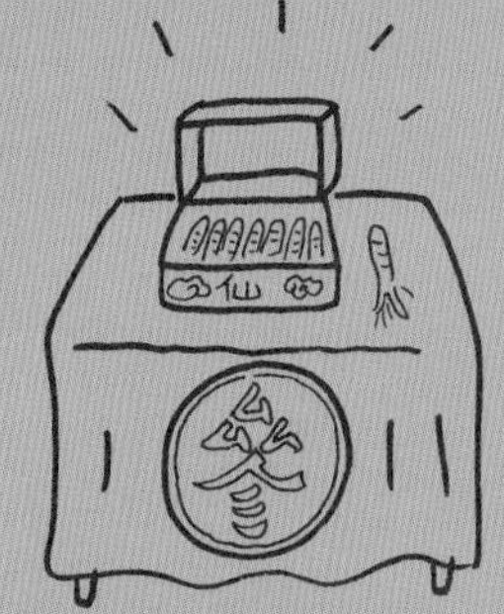

2 放高利貸的吸血鬼

3 黑龍會的日本浪人

4 東南亞的觀光客

1 A 賣高麗參的中國藥商

羅福星肖像。

辛亥革命成功後，羅福星宣稱奉了福建都督的命令，來台視察，並著手籌畫具備民國國籍的華民聯絡組織。為了掩護身分，他的同志大多化裝成販賣高麗參的行商，使得當時台北地區賣高麗參的人突然增加了很多。後來他便在大瀛旅社設聯絡處（位於大稻埕的稻新街，即今甘谷街，是當時的「正米」市場，即期貨買賣地），並在苗栗設秘密支部，聯絡網遍及台北、台南、彰化、桃園、宜蘭等地。

為了集結力量，他甚至還拉攏中國廣東、福州與閩南等地的僑民，將他們全納在華民聯絡會之下。此外，羅福星更積極號召台胞共謀反日大計。但隨著會館組織的日益擴張、會員人數的激增，以及漸漸擴張開來的革命黨集會流言，終於讓日本人探知到這個組織的存在，並展開大規模的檢肅行動。

人物小傳

從南洋到台灣的革命者——羅福星

約1883~1914

苗栗縣大湖國中旁新建有的羅福星紀念館。

羅福星，別號東亞，又號國權。生於廣東蕉嶺縣，1903年隨祖父來台，住在新竹廳下的苗栗一堡牛欄湖庄。後來，羅福星隨祖父返回廣東，路經廈門時加入同盟會。回抵故鄉後，擔任小學教員。1907年，他到南洋擔任新加坡中華學校校長，並曾轉任印尼雅加達中華學校校長，與胡漢民、趙堅、林時塽等華僑革命志士過從甚密。

1911年黃花崗之役時，羅福星從海外趕到中國大陸參加革命，身受重傷，幸而未死，與胡漢民等人走避香港、暹羅（泰國）。同年10月辛亥起義，中外震驚，羅福星與黃興於雅加達募兵兩千餘人，急急趕回，剛抵達福州，南北議和消息就傳來，於是奉命解散。

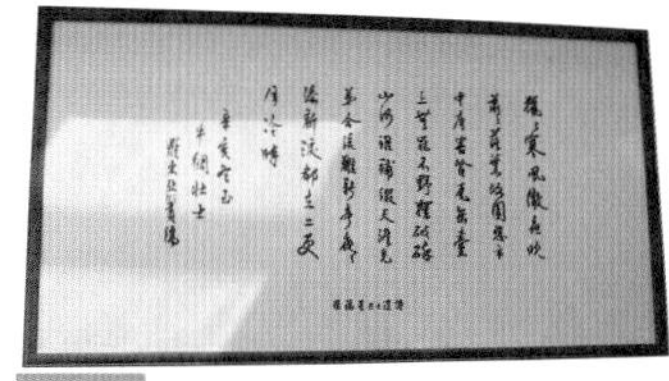
紀念館牆上陳設有羅福星所寫的詩文、遺像，但館藏非常有限。

1912年10月6日，羅福星宣稱奉了福建都督的命令，來台著手華民（具有民國國籍的僑民）聯絡會的募集工作。羅福星相貌堂堂，性情豪邁而且長於擘劃，目光炯炯而口若懸河，在各地奔波宣揚革命思想時，常能感人至深，許多有識之士都喜歡與他相結識。華民聯絡會在羅福星的奔走下，會員人數驟增，但同時革命黨集會的風聲也開始流傳。日本人畏懼革命勢力對台灣治安的衝擊，更怕台灣同胞因此而群起反抗，所以密切搜捕羅福星。

為躲避日警的追捕，羅福星於是潛伏

位於現今苗栗市南端的貓狸山公園（原名福星山公園）內，忠烈祠前有羅福星像。

到淡水，匿居於農人李稻穗家裡。他原本是想伺機內渡，暫避鋒頭，不料事情被淡水興化店派出所的日本警察探知。在日警大舉圍捕下，羅福星終於被捕入獄。日警同時搜出黨員名簿和感想錄各1冊。

苗栗縣公館鄉有條福星路。

1914年2月16日台灣總督府於苗栗召開臨時法庭，派安井勝次為裁判長。審判對象雖以羅福星為首，但審判範圍還涵蓋另外4個案件：包括台南關帝廟李阿齊、台中東勢角賴來、苗栗大湖張火爐、以及南投陳阿榮等四案涉案人員，總共911名。2月28日審判終結，3月3日開庭宣判，被判決死刑20名，有期徒刑285名，行政處分4名，無罪34名，除此之外尚有578名被告獲不起訴處分。這幾起風起雲湧的革命事件，因為都在苗栗開庭，因此總稱為「苗栗事件」。

死刑於宣判當日立即執行，不容上訴申辯。1914年3月3日，羅福星被日人判處絞刑，從容就義，死年31歲。臨死前慷慨激昂，索紙作絕筆書，上頭寫：「不死於家，永為子孫紀念；而死於台灣，永為台民紀念耳！」

紀念館內部。

發行人：王阿舍　發行所：遠流舊聞社

舊聞提要

1. 屯駐在宜蘭的日本官兵，2月6日遭到原住民攻擊，3死2傷。
2. 阿緱線鐵路在2月15日舉行通車典禮。

革命思潮湧入

【本報訊】甫被台灣總督府宣判死刑的羅福星，3月3日宣判當日即被執行絞刑完畢。在20世紀前10年間的眾多抗日台灣人物中，羅福星是比較具有明確革命思想的。

自1895年日人治台至今，台灣抗日事件層出不窮，但多半是為維護經濟、地盤等私人利益等而反日，至於像羅福星一般具有革命思想者則很少。1911年中國辛亥革命的成功，鼓舞了許多華民，因此這股民族革命風潮，飄洋過海衝擊了在台華民，或多或少影響這時期的反日事件。其中具有華僑身分的羅福星在台灣中、北部進行的組織與串連，和積極參與中國革命運動的華僑網絡更脫不了關連。

整體觀察這時期台灣發生的事件和日本領台初期的抗日活動稍有不同：初期的抗日是有組織、各地串連而擴散全台式的抗戰行動。但此時的抗日則是突發的、地域性的、

3.提倡台灣同化會的板垣退助等一行人於2月17日抵台視察，林獻堂等到基隆迎接。
4.去年12月被捕的革命分子羅福星，3月3日被處以死刑。

讀報天氣：晨有霧多雲轉晴
被遺忘指數：●○

台灣抗日開始大不同

▲1914年羅福星被判處絞刑的行刑處。

▲新軍工程營發動了武昌起義，改寫了近代中國的歷史。

蜂起性的行動。其中，羅福星雖然在發動前就被撲滅，但因羅福星懷抱著革命思想，意義上和歷來台人武裝抗日的個案有很大不同。就連台灣總督府的官方著書《台灣匪亂小史》也不諱言，羅福星事件的直接原因是受到辛亥革命的影響。

在羅福星的＜手記＞和＜致閩都督書＞中，可以看到他來台發展組織的精神和從容就義的態度。＜死罪紀念＞一篇云：「事成島民得安，破則我民族將滅，吾雖犯日本國法，我事業乃天所命也。……」他主張華民、台民利害是共同體的政治主張。而這一言論之所以能得到許多台灣人認同，原因就出在日本治台20年間對在台華民並未採取平等待遇。於是當辛亥革命成功時，華人的民族自信心高漲，並對日本高壓統治產生反彈。這也就是苗栗事件時，北、中部台灣同時併發多起亂事的原因。

「成者為王，敗者為寇」一向是武裝反抗的認知，雖然羅福星並未成功發動組織，但其事件所特有的革命思想，可說為台灣總督府統治下的台灣，帶來不同的刺激。

▲位於苗栗縣大湖鄉的昭忠塔，裡頭祀有羅福星以及「苗栗事件」殉難者遺骸。

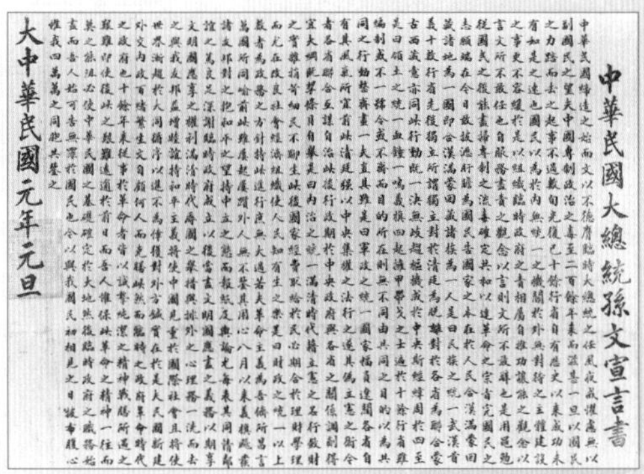

中華民國大總統孫文宣言書

大中華民國元年元旦

▲辛亥革命成功，出任中華民國首任總統的孫文宣言書。

▲華僑是革命之母，亦為華僑的羅福星參與了1911年黃花崗之役，圖為黃花崗七十二烈士之墓。

臺北市永樂町市場前
神農氏大藥房
SHEN NUNG SAN
靈驗
神農散
四時適用

羅福星年表

約1883~1914

1903

- 隨祖父來台，住在新竹廳苗栗一堡牛槁湖庄，之後返回廣東擔任小學教員。

1907

- 擔任新加坡中華學校校長，並曾轉任印尼雅加達中華學校校長。

1911

- 從海外返國參加黃花崗之役，重傷後走避香港、泰國。
- 10月，辛亥起義，羅福星人於海外，不及參加。

1912

- 10月6日，宣稱奉令來台調查，著手募集華民聯絡會的會員。
- 12月於淡水被捕。

1914

- 2月16日於苗栗開臨時法庭。
- 2月28日審判終結。
- 3月3日開庭宣判，當日即被處絞刑而亡。

【延伸閱讀】

- 莊金德、賀嗣章編譯，《羅福星抗日革命案全檔》，臺灣省文獻委員會，1965。
- 羅秋昭，《大湖英烈：羅福星傳》，近代中國出版社，1978。
- 覃怡輝，《羅福星抗日革命事件研究》，中央研究院三民主義研究所，1981。

既然我喜歡，為什麼不可以？

Q 自稱「大明慈悲國征伐天下大元帥」的余清芳，年輕時候曾為了什麼事被管訓？

1 參加祕密集會

2 無正當職業，成天遊手好閒

3 追著路人洗頭髮，還要洗他們的看法

4 當街燒毀台灣總督的照片

1

A

參加祕密集會

余清芳肖像。

江定、羅俊二人均為余清芳主要助手。

余清芳個性豪爽，喜歡結交朋友。1904年他辭掉了巡查補的職位後，經常出入台南廳管轄的各地齋堂，勸誘佛教徒反日。

余清芳所領導的武裝抗日活動，日人稱之為「陰謀事件」。這時日人已在台灣建立有力的警察網絡，而這些抗日活動並無強固的根據地，行動雜亂零星，只是由某些人指導集團發動，和日治初期串連而起的抗日活動很不同，故稱之為「陰謀事件」。這階段的領導人仍未脫離舊時代思考，縱然口倡革命，卻仍假藉神諭號召群眾。余清芳等領導的西來庵事件，就是這類抗日活動的最大一樁，這也是最後一次武裝抗日事件。

人物小傳

噍吧哖事件的總領隊——余清芳

1879~1915.9.23

余清芳，也稱作余清風，別名滄浪，通常叫他「余先生」。父親名余蝦，母親名余洪好，是從閩南遷來台灣的阿緱廳（今屏東縣境），後來才舉家搬到台南廳長治二圖里後鄉庄。

1879（清光緒5）年12月，余清芳出生在阿緱廳，6、7歲時曾讀私塾學習漢文數年。但父親早逝，加上家境清寒，所以12、3歲時他就輟學到米店幫傭，以微薄薪資奉養寡母。台灣割日時，余清芳才16歲，他曾一度投身到武裝抗日義軍中，後來抗日軍瓦解，他也重歸平民生活。

1899年7月，余清芳就任台南廳巡查補（大約是助理警察）一職，隨後被派往台南、鳳山、阿公店等地服務。余清芳個性豪爽，喜歡交遊。1904年他辭掉巡查補後，經常出入台南廳管轄區內的各地齋堂，勸說佛教信徒，反日的言行舉止漸漸顯露，日人也暗中關注他的行動。是年3月，阿公店支廳藉口他遊蕩無職，對他發出「就職警告書」，到了1909年，又藉口他參加前年在鹽水港發生的祕密結社二十八宿會，將他押往台東「加路蘭浮浪者收容所」管訓，當時余清芳30歲。「管訓」期間，他謹慎勤勞，成績良好，經過2年10個月，在1911年獲釋。出獄後余清芳或當保險推銷員，或自己開碾米廠維生。這些職業，都讓他可以和各方人士多所接觸，乘機宣傳反日糾合同志。同時，他也結識了西來庵（位於今日台南市西門路上）的董事蘇有志、鄭和記等人。余清芳此後頻頻出入該庵，並以此爲據點，開展宗教結社組織。

當時被襲擊的南庄派出所外觀。

今日的南化分駐所即當年噍吧哖事件發難地。

後來祕密洩漏，日警當局又開始對這

余清芳等人被捕後，被日軍從噍吧哖支廳押解到台南監獄，坐在黃包車上的是余清芳。

1981年台南縣政府選擇於噍吧哖事件虎頭山戰場立「抗日烈士余清芳紀念碑」。

個「不法」的台人抗日行動進行搜捕。一時間風聲鶴唳，余清芳也趕緊入山避險。入山後，余清芳仍亟力招徠同志，企圖再度起事。在這段時間內，他和同夥曾襲擊多處派出所。

1915年8月3日余清芳率眾襲擊台南廳噍吧哖支廳轄下的南庄派出所（位於今天台南縣玉井鄉）。一開始，余清芳的民軍還占上風，但等到日本軍警集結以後，民軍不敵武器裝備精良、訓練有素的日軍正規部隊。最後，余清芳敗走，但日本軍警認爲余清芳等人之所以能夠順利發動大規模的叛亂，地方居民必然或明或暗的協助掩護，所以決意屠殺這些平民。日警訂下招安詭計，將附近村莊壯丁抓走，集體屠殺，據說達數千人之多。「噍吧哖慘案」因此得名。

在噍吧哖事件時，余清芳好不容易逃出包圍，越過台南、阿緱兩廳的交界，抵達新寮溪，但到了8月22日余清芳等人仍被擒獲。日方迅速地開庭審判，並引用「匪徒刑罰令」起訴余清芳等1464名被告。最後共有903人被判處死刑，實際行刑的有200人，其餘多被判無期徒刑，可說是報復性格強烈的懲罰。

台灣

發行人：王阿舍　發行所：遠流舊聞社

舊聞提要

1. 總督府6月15日發佈「臨時戶口普查令」。
2. 總督府7月22日設立營林局，並廢止阿里山作業所。

噍吧哖事件爆發

▲西來庵事件發生時的廟宇外觀與所膜拜的神祉，西來庵是當時台南著名的廟宇。

歷史報

1915年8月4日 穿越時空 獨漏舊聞

3.桃園電燈株式會社7月30日召開創立大會。
4.余清芳密組大明慈悲國，並於8月3日清晨率衆襲擊南庄派出所，即噍吧哖事件。

讀報天氣：晨有霧轉晴
被遺忘指數：●○

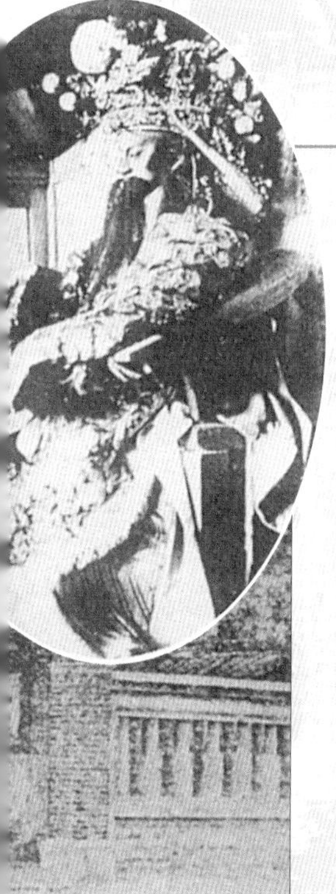

凸顯出日人對台宗教的歧視

【本報訊】自稱「大明慈悲國元帥」的余清芳，昨日清晨率衆攻打台南廳噍吧哖支廳的南庄派出所，焚毀廳舍並殺盡日人警察。台灣總督安東貞美獲報震怒，下令務必消滅反抗軍。其實他忽略了，這起事件並非單純的武裝抗日行動，而是一樁針對日本人長期歧視、打壓台灣人宗教信仰所引發的反撲。

在密組大明慈悲國的過程中，余清芳所爭取的對象，都是一般農民或勞工大衆。他經常出入台南廳下各地齋堂勸誘信徒，利用信仰來擴大反日思想。同時他還分發神符、咒文等給信衆，說這些東西可以護身防彈；又常扶乩，藉神諭宣告反日一定成功；接著更利用聘自中國大陸的和尚、紅髯姑，宣稱可以傳授陰陽兵法、飛翔隱身法等法術；甚至利用日蝕等天文異象，聲稱天地將晦冥7

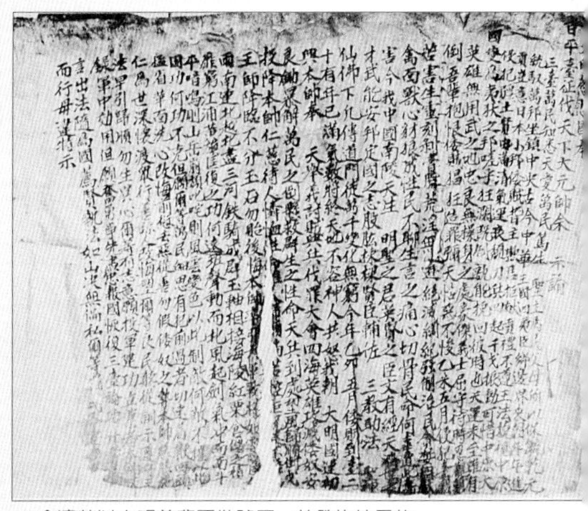

▲余清芳以大明慈悲國做號召，並發佈抗日的檄文。

晝夜，屆時中國革命軍將渡海前來支援等。在這些迷信和謠言的鼓動下，無裝備的信衆竟然也真的兇猛地殺入日軍陣營。

余清芳之所以能成功地利用迷信來發動武裝抗日，除了因為台灣人的反政府行動容易與宗教結合（朱一貴、林爽文、戴潮春等都是明顯的例子），同時也和日治初期錯誤的宗教政策有關。

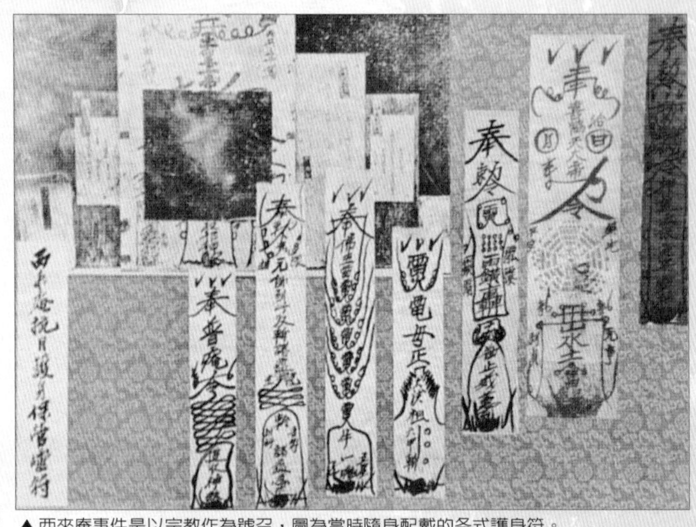
▲西來庵事件是以宗教作為號召，圖為當時隨身配戴的各式護身符。

日人來台之初，就以各地寺廟作為軍營，等到了統治穩定以後，仍霸占住大寺廟作為軍隊營舍及行政官廳，甚至還以「糾衆集會有礙治安」而禁止各項祭拜活動。而且，日人對於台灣民間信仰也缺乏同理心。台灣各地的迎神賽會往往喧鬧終夜，日警卻硬要介入、勒令停演，而演變成當地保正與人民哀求懇願，甚至釀成警民衝突。

▲從台南監獄到臨時法院開庭時，出動大批軍警押送，余清芳等人的頭上也被蓋上簍子。

對台灣人而言，不但平日信仰寄託的廟宇遭到無理的霸占，連祭拜和廟會也被阻禁。面對這種宗教的緊張對峙，日人不但不曾檢討，甚至還發佈行政命令，取締迷信、搜捕相關的宗教人員。1908年總督府公佈「台灣違警令」，嚴格取締「對病人行禁厭、祈禱符咒等，又給神符神水等妨害醫藥之行為者」。命令一出，原本就認為迷信是台灣匪亂禍因的日警，便藉機將台灣人一切信仰斥為迷信。這種偏頗的心態，更造成新的歧視和傷害。

▲事件過後，被收押做為證據的物件。

就在這樣的背景下，余清芳得以宗教結社糾集民衆。這場宗教迷信色彩極濃的「噍吧哖事件」，就在台灣社會特有的宗教背景和日警偏差的執行心態下猛烈爆發了。

▲位於台南縣南化鄉公墓的「噍吧哖起義抗日烈士紀念碑」及「噍吧哖事件烈士忠魂塔」。

余清芳年表
1879~1915

1879
- 12月出生在阿緱廳（今屏東縣境）。

1895
- 日軍侵台，余清芳一度投身抗日行列。

1899
- 7月任台南廳巡查補。

1904
- 辭巡查補。3月，阿公店支廳藉口遊蕩無職，對他發出就職警告書。

1909
- 被以參加祕密結社二十八宿會的理由，送到「加路蘭浮浪者收容所」管訓。

1911
- 出獄後以當保險業務員或做碾米生意爲生。並結識西來庵董事，以此爲據點展開反日活動。

1915
- 反日活動被日警發覺，入山躲藏。
- 8月3日率眾襲擊噍吧哖支廳的南庄派出所。之後不敵，全軍潰散敗走。
- 8月21日被日警擒獲。
- 9月23日被處死。

【延伸閱讀】

➪ 李能棋，《結義西來庵——噍吧哖事件》，近代中國雜誌社編，1977。
➪ 台灣省文獻委員會，《余清芳抗日革命全檔》，1976。
➪ 台灣省文獻委員會，《台灣先賢先烈專輯——余清芳傳》，1978。

【索引】(數字爲頁碼)

七畫

八畫

九畫

十畫

十一畫

十二畫

十三畫

十四畫

十五畫

十六畫

十七畫

十八畫

十九畫

二十畫

二十一畫

【鳴謝】
本書的完成，特別感謝：（以姓名筆畫序）

中國國民黨文化傳播委員會黨史館
王錦堂
李景暘
李梅樹紀念文物館
吳興文
莊永明
莊展鵬
林孟欣
林炯任
胡文青
翁佳音
陳慶芳
陳琮融
郭長成
黃智偉
黃鼎松
曹永和
鄭天凱

【地圖、照片出處】
數目為頁碼

目錄（4~5）：
地圖：曹永和收藏，遠流翻拍。

輕鬆看「叛亂＝起義」歷史（9-11）：
9/曹永和收藏，遠流翻拍。、10、11/遠流資料室。

血的戰鬥．鬥陣成行（12-15）：
12/莊永明提供。
13/遠流資料室。
15/林孟欣提供。

顏思齊（16-23）：
20（上、下）、21（上）/遠流資料室。
22（左、中上、中下）/陳慶芳提供。

郭懷一（24-31）：
27（左、右）、28（左、右）、29（左）、30（左上、中）、31（右）/遠流資料室。
29（右）、30（左下）/翁佳音提供。
30（右下）曹永和收藏，遠流翻拍。

朱一貴（32-39）：
35（上）/莊永明提供。
36（左）、37（右）、38（左上、左下、右上、右下）/遠流資料室。

杜君英（40-47）：
43（左、上、下）/遠流資料室。
46（上、下）/陳彥仲提供。

黃教（48-55）：
52（左）/陳慶芳提供。
53、54（左）/遠流資料室。
54（中）/陳彥仲提供。
54（右）/胡文青提供。

林爽文（56-63）：
60、61（上、下）、62（左、中上、中下、下）/遠流資料室。

莊大田(64-71)：
67、68（上、中、下）、69、70（左上、左下、右）/遠流資料室。

蔡牽（72-79）：
75、76（左上、中、右）、77、78（上、下）、79（右上）/遠流資料室。

張丙（80-87）:
83（左、右）、85（左下、86（左、中、右上、下）/林孟欣提供。
85（右上）/遠流資料室。

戴潮春（88-95）：
91（上）、92（上）、93（右）、94（右）、95（上）/遠流資料室。
93（右、中）/陳慶芳提供。
94（上、下）/陳琮融提供。

施九緞（96-103）：
101（右）/莊永明提供。
101（左）、102（下、下右）/遠料資料室。
102（上）/陳慶芳提供。

蘇俊、蘇力、陳小埤（104-111）：
105（上、中、下）、108（上）/李景暘提供。
107（右、左）、111（中、下）/林炯任提供。
109、110、111（左上、左下）/遠流資料室。

吳湯興、吳彭年（112-119）：
115（左、右上、右下）、116（上、下、右上、右下）、117（右）、118（左、右）、119（上）/遠流資料室。

簡義（120-127）：
124（右）/林孟欣提供。
125（左）、126（下）、127（右上）/遠流資料室。
126（上）/鄭天凱提供。

柯鐵（128-135）：
133、134（左）/遠流資料室。
134（上、下）/郭長成提供。
134（左）/鄭天凱提供。

簡大獅（136-143）：
139（上、下）、140（上、下）、141（右）、142（左、右）/遠流資料室。
143（下）/莊永明提供。

林少貓（144-151）：
147（上）、148（上、右）、149（右）、150（左、右）/遠流資料室。

陳秋菊（152-159）：
155、156（右上、右下）、157、158（上、下）/遠流資料室。

羅福星（160-167）：
162、163（左、右上、右下）、164（上、下）、165（左）、166（左）/遠流資料室。
165（右）、166（右上、右下）/中國國民黨文化傳播委員會黨史館提供。

余清芳（168-175）：
170（上、左、右）、171（上、中、下）、172（上）、173（中、右）、174（上、中、下）、175（右上）/遠流資料室。

【台灣放輕鬆】

系列規劃說明

編輯部

【台灣放輕鬆(Taiwan, Take It Easy)】系列共12冊，介紹台灣400年來的240位人物，分成12類主題。每冊介紹該主題內具代表性質的20位人物，每位人物皆透過「趣味Q&A」、「人物小傳」、「歷史報」、「人物小年表」、「延伸閱讀」等小單元，建構出人物與歷史的多元面貌，設計新穎，兼具知識性及趣味性，適合e世代人快速認識台灣。此外，每冊並有主題導讀，讓讀者在認識台灣時Easy & Fun，卻不膚淺。

以下是各單冊介紹：

1 正港台灣人　文／李懷、張嘉驊

介紹20位對台灣貢獻卓著的外國人，包括馬偕、森丑之助、八田與一、堀內次雄、立石鐵臣、磯永吉……等。

2 台灣心女人　文／林滿秋等

介紹20位傑出的台灣女性，包括黃阿祿嫂、陳秀喜、葉陶、謝雪紅、許世賢、包春琴、江賜美、鄧麗君……等。

3 在野台灣人　文／賴佳慧

介紹20位在體制內推動改革者，包括蔣渭水、林獻堂、雷震、魏廷朝、葉清耀、林幼春、黃旺成、林秋梧……等。

4 鬥陣台灣人　文／鄭天凱、林孟欣

介紹20位以武裝形式從事變革者，包括郭懷一、朱一貴、林爽文、施九緞、林少貓、蔡牽、黃教……等。

5 台灣原住民　文／詹素娟等

介紹20位台灣的原住民，包括平埔族與高山族人，如望麒麟、樂信瓦旦、潘文杰、拉荷阿雷、莫那魯道……等。

6 執政台灣人（書名暫定）　文／林孟欣

介紹20位台灣政治人物，包括劉銘傳、陳永華、王得祿、後藤新平、蔣經國、陳誠、蔣夢麟……等。

7 拓墾工商人（書名暫定）　文／林滿秋

介紹20位工商與拓墾的代表人物，包括吳沙、李春生、張達京、陳炘、陳中和、施世榜、林成祖、姜秀鑾……等。

8 社會人物（書名暫定）　文／賴佳慧、陳怡方

介紹20位對台灣社會有影響力的仕紳名人，包括施乾、洪騰雲、廖添丁、廣欽老和尚、施合鄭、阿善師……等。

9 台灣文學家（書名暫定）　文／李懷、張桂華

介紹20位對台灣社會有影響力的文學家，包括賴和、楊逵、王詩琅、鍾理和、吳濁流、呂赫若、楊喚、吳瀛濤……等。

10 台灣藝術家（書名暫定）　文／王淑津

介紹20位台灣藝術家，包括陳澄波、洪瑞麟、鄧南光、林朝英、江文也、于右任、井手薰、黃土水、陸森寶……等。

11 民間藝術家（書名暫定）　文／陳板、石婉舜

介紹20位台灣藝術家，包括葉王、張德成、鄧雨賢、李天祿、陳達、林淵、洪通……等。

12 學術人物（書名暫定）　文／晏山農

介紹20位各領域的學術人物，包括連雅堂、胡適、杜聰明、張光直、吳大猷、蔣碩傑、印順法師、姚一葦……等。

國家圖書館出版品預行編目資料

鬥陣台灣人 = Portraits of the rebels in Taiwanese history/ 林孟欣、鄭天凱撰文；曲曲漫畫；閒雲野鶴歷史插圖．-- 初版．-- 台北市：遠流，2001[民90]

面；　公分．--（台灣放輕鬆；4）

含索引

ISBN 957-32-4373-3(平裝)

1．台灣 - 傳記　2．台灣 - 歷史

782．632　　　90007668

國內最完整的一套台灣歷史人物圖誌

e世代多元解讀台灣的最佳讀本

【台灣放輕鬆】

◎ 台灣文史專家莊永明策劃、專文導讀引薦

◎ 曹永和、許雪姬、張勝彥、吳密察、翁佳音等教授群監修

◎ 中國時報、聯合報、自由時報、民生報、台灣日報等媒體好評報導

V1001《正港台灣人》

李懷、張嘉驊著

定價：250元 · 特價：200元

特16開 · 全彩 · 遠流出版

本書介紹20位對台灣具有貢獻的外國人，包括馬雅各、甘為霖、馬偕、巴克禮、森丑之助、八田與一、堀內次雄、立石鐵臣、磯永吉……等。雖然他們血緣都不是台灣人，但心繫台灣、研究並建設台灣，他們是比台灣人還要台灣人的「正港台灣人」。

V1002《台灣心女人》

林滿秋等著

定價：280 元

特16開 · 全彩 · 遠流出版

女性的書寫，在歷史上常是缺席的，本書以輕鬆方式介紹20位台灣女性，包括黃阿祿嫂、趙麗蓮、謝綺蘭、蔡阿信、謝雪紅、葉陶、陳進、許世賢、施照子、蔡瑞月、包春馨、陳秀喜、江賜美、證嚴法師、鄧麗君等，從她們在各行各業的奮鬥史，台灣近代史也得以趨向更完整！

V1003《在野台灣人》

賴佳慧著

定價：280元

特16開 · 全彩 · 遠流出版

台灣人從1920年代起邁入「自覺的年代」，非武裝革命前仆後繼，以爭取民權、以抗議政府施政不當、以啓蒙社會。這股風潮一直持續到戰後以迄現今，本書所介紹的，便是其中20位和平改革的先鋒，包括為臺灣人爭取參政權的林獻堂、蔣渭水，為228殉難的王添燈，為民主自由不畏強權的雷震、魏廷朝……等。他們所彰顯的正是台灣「在野」的民衆，反專制、反強權的奮鬥史。

V1004《鬥陣台灣人》

林孟欣、鄭天凱 著

定價：280 元

特16開 · 全彩 · 遠流出版

他們是造反的土匪？還是反抗異族的英雄？《鬥陣台灣人》從另類有趣的角度切入台灣歷史，讓您從20位民變領袖以及甩掉繡花鞋加入戰鬥的台灣阿媽身上，看見400年來台灣生命力的源頭；讓您在「成者為王敗為寇」和「民族英雄神話」之間，建立新台灣史觀；也讓您對當今族群問題和黑金政治，有了新的詮釋………

台灣放輕鬆

台灣放輕鬆

台灣放輕鬆

台灣放輕鬆